🔊 외항사 부사무장의 특급 조언 ☆☆ ☆☆

승무원
영어 면접,
스토리텔링이
답이다

외항사 부사무장의 특급조언

승무원 영어 면접, 스토리텔링이 답이다

초판인쇄 2018년 9월 10일
초판발행 2018년 9월 10일

지은이 박혜경
펴낸이 채종준
기 획 조가연
디자인 김정연
마케팅 문선영

펴낸곳 한국학술정보(주)
주소 경기도 파주시 회동길 230 (문발동)
전화 031 908 3181(대표)
팩스 031 908 3189
홈페이지 http://ebook.kstudy.com
E-mail 출판사업부 publish@kstudy.com
등록 제일산-115호(2000. 6. 19)

ISBN 978-89-268-8520-8 13040

외항사 부사무장의 특급 조언

박혜경 지음

승무원 영어 면접, 스토리텔링이 답이다

oh No!!

why?!

이담
Books

"K-MOVE 멘토링"을 통해 만난 박혜경 멘토님에게 배웠던 승무원의 A to Z가 고스란히 녹아있는 책이다. 현직 외항사 부사무장으로 근무하며 겪은 생생한 현장 경험과 수많은 승무원 준비생들을 가르치며 얻은 풍부한 코칭 경험이 담긴 이 책이 나처럼 간절히 승무원을 꿈꾸고 있을 여러분들에게도 나침반과 같은 존재가 되길 바란다.

- 김송애(승무원 준비생, K-MOVE 멘티)

늦은 나이에 가진 것 없이 승무원을 꿈꾸던 나는 루나쌤의 피드백과 따끔한 충고를 통해 영어에 대한 자신감이 생기고 나에 대해 더 잘 표현할 수 있게 되었다. 영어는 면접에서 나를 표현하는 의사소통의 수단일 뿐이기에 영어를 잘하지 못한다고 해서 꿈을 포기하지 않았으면 좋겠다. 루나쌤과 함께라면 나처럼 여러분도 승무원의 꿈을 이룰 수 있을 것이다.

- 김수연(현 베트남항공 객실승무원)

루나쌤과의 실전 모의 면접 피드백을 통해서 사소하고 튀지 않아도 좋으니 내 이야기를 들려주는 것이 얼마나 중요한지, 면접에서 어떻게 표현하는 게 가장 나다운 건지 알게 되었다. 덕분에 실제 면접에서 위기가 왔을 때 소소하지만 적극적인 스토리텔링으로 '오픈데이 합격'을 이뤄냈다. 여러분도 이

책과 함께 내일이 더 빛날 사람이 되기를 바란다.

- 임종욱(현 에어아시아항공 객실승무원, K-MOVE 멘티)

루나쌤의 책은 시간이 흘러도 핵심과 방향을 잃지 않는 승무원 면접 준비의 기본서이다. 책을 통해 연습을 반복하다 보면 압박면접에서도 살아남을 수 있는 자신만의 답변과 자연스러운 태도를 갖추게 된다. 이제 막 승무원 면접 준비를 시작한 분들뿐 아니라, 파이널 면접에서 자꾸 떨어지는 분들에게도 이 책이 좋은 길잡이가 될 것이다.

- 박부연(현 홍콩계 항공사 객실승무원)

영어 바보이자 외국인과의 대화를 어려워했던 내가 면접관들 앞에서 영어로 내 이야기를 한다는 것은 꿈에서도 상상하기 어려웠던 일이다. 루나쌤의 가르침 덕분에 어색한 남의 답변만 줄줄 외우지 않고, 나만의 답변을 만들 수 있었다. 영어 때문에 승무원이 되려는 꿈속에서 방황 중인 분들에게 이 책을 추천한다.

- 이예림(현 KTX 사무장)

공감을 이끌어 낸 영어 면접으로
승무원이 되다!

고등학교를 졸업하고 '내 인생에 뭔가 특별한 일들이 생길 거야'라는 막연한 환상을 가지고 살았다. 특별함을 찾아 방황하며 웨이트리스, 바리스타, 비서, 안내원 등을 하며 인생의 변화를 꿈꿨다. 하지만 내 인생은 특별함은 커녕 평범하고 별일 없는 나날의 연속이었다.

30대 후반에 들어선 나는 10여 년 전과 비교해 환경, 수입, 라이프스타일, 관점, 사고 등 모든 면에서 전혀 다른 삶을 살고 있다. 직장은 하늘을 나는 비행기고, 전 세계를 이웃 동네 가듯 드나든다. 보통 사람이 일 년에 두세 번 타는 비행기를 나는 일주일에 두세 번 타며 세계를 누비고 있다. 145개국에서 온 승객을 일상적으로 맞이하고 125개국에서 온 동료들과 일한다. 가족들과 함께 다양한 곳으로 여행을 떠나고 새로운 것을 경험하고 즐기며 멋진 삶을 설계하고 있다. 수입 또한 일하는 시간에 비해 많이, 고정적으로 얻고 있다. 삶의 질이 한층 나아진 느낌이다. 아무것도 없던 내가 어떻게 이렇게 달라진 삶을 살게 된 걸까?

하늘의 꽃이자 전 세계를 내 집 드나들 듯 여행하는 직업, 승무원! 너무나 매력적인 직업인 승무원을 꿈꾸는 많은 친구들을 만났다. 그들은 하나같이 나에게 묻는다. "어떻게 승무원이 되셨어요?" 이 질문에 대한 대답은 아주 간단하다. 바로 영어 면접에서 합격했기 때문이다.

나는 승무원의 자질을 타고나지도, 영어 실력이 출중하지도 않았다. 그렇다고 대단한 스펙이 있는 것도 아니었다. 그런 내가 승무원이 될 수 있었던 단하나의 이유는 영어 면접에서 당당하게 합격했기 때문이다. 즉, 영어 면접이 승무원이 되기 위한 첫 관문이자 가장 중요한 관문인 것이다.

많은 이들이 영어 면접을 어렵다고 생각하지만 이는 전혀 사실이 아니다. 나는 영어 면접보다 오히려 영어 실력 자체를 향상하는 게 몇 배 더 어렵다고 감히 말할 수 있다. 왜냐하면 영어 면접은 연습을 통해 얼마든지 개선할 수 있기 때문이다. 그리고 면접관은 지원자의 영어 실력이 아닌 면접에 임하는 자세와 태도로 전반적인 평가를 한다.

많은 친구들이 나에게 영어 면접 울렁증에 대한 이야기를 한다. 영어 능력과 상관없이 많은 사람들이 영어 면접이라고 하면 긴장부터 한다. 어떻게 준비해야 하고 대답은 어떻게 만들어야 하는지 갈피를 못 잡고 힘들어한다. 준비 과정부터 부담감을 안고 시작해서 결국 면접에서 자신이 가진 장점과 매력을 드러내지 못 하고 낙방하는 것을 보면서 나는 늘 안타까운 마음이었다. 또한 영어 면접을 영어능력평가라고 생각하면서 공감 가는 표현이 아닌 어렵고 딱딱한 문장들로 대답을 만드는 친구들을 보면서 이들이 가진 영어 면접에 대한 생각에 변화를 주는 것이 얼마나 중요한지를 알게 되었다.

그런 이들에게 영어 면접이 생각보다 쉽고 재미있다는 것을 알려주고 싶었다. 그들이 가진 식재료를 가지고 어떻게 요리를 해야 최상의 요리가 나오는지 알려주고 싶었다. 식재료가 아무리 싱싱하고 좋아도 조리 방법을 모른다면 낭패 보기 십상이다. 반면 식재료가 최상급이 아니더라도 제대로 된 조리 방법으로 정성을 다해 만든다면 상대에게 감동을 줄 수 있다.

나는 그동안 영어 면접 강의를 하면서 쌓아온 감동을 주고 공감을 부르는 영어 면접 노하우를 이 책에 담아 다수의 사람들과 함께 나누고자 결심했다. 실제 가르쳤던 제자들의 답변을 토대로 했고, 그들의 답변으로 실패했던 사례와 피드백을 주고 변화된 자세와 답변으로 합격한 사례를 들어 보다 쉽게 이해할 수 있도록 책을 구성했다.

'승무원'이라는 직업은 나에게 많은 발전과 기회를 선물했다. 동시에 경제적으로 윤택한 삶과 나름의 후광도 만들어 주었다. 승무원이라는 직업을 디딤돌 삼아 더 많은 가능성과 함께 내 인생의 더 큰 그림을 그리기 시작했다. 그래서 나는 많은 사람들에게 '한 번 정도는 승무원으로 살아봐라!'라고 이야기해 준다. 전혀 다른 라이프스타일과 다양해진 관점을 통해서 더 멋진 미래를 그릴 수 있기 때문이다.

이 책이 승무원을 꿈꾸는 많은 이들에게 작게나마 도움이 되었으면 한다. 그들이 당당하게 면접에 임해서 오랜 시간 염원하던 '최종합격'이라는 소식과 함께 승무원의 삶에 한발 가까이 다가가기를 소망한다. 영어 면접은 어렵다는 생각에서 벗어나, 면접관과의 대화를 통해 나의 가능성과 잠재력을 잘 어필하면서 당신과 면접관 모두 즐거운 면접을 할 수 있기를 바란다.

Thanks to

나에게는 내가 다양한 꿈을 꾸고 도전할 수 있도록 정신적으로 심적으로 환경적으로 늘 응원해 주는 가족들이 있다. 내가 세상에서 가장 사랑하는 가족들이 없었다면 과연 내가 부사무장, 작가, 강사라는 타이틀을 가지고 인생을 멋지게 살아갈 수 있었을까 싶다.

나의 정신적 지주이자 존경하는 어머니 장희자 여사님, 무조건 나를 믿어주시는 든든한 아버지 박영배 님, 세상에서 가장 소중한 나의 보물 내 아들 심율, 늘 내 편이자 인생의 소중한 선물인 나의 언니 박수경 님, 늘 응원을 아끼지 않는 고마운 형부 김철승 님에게 진심을 다해 감사한 마음과 사랑을 전합니다.

박혜경

Contents

Chapter 3

당신만 몰랐던 영어 면접의 비밀

Chapter 4

영어 면접에서 성공하기 위한 7가지 비결

Chapter 1

No 스펙으로
어떻게 굴지의
항공사 승무원이
되었을까?

1

스펙과 상관없이
과감하게 도전장을 내밀다

"진짜? 네가 승무원이 됐다고? 어떻게?"

2006년 1월, 내가 승무원이 되었다고 말하자 내 주변 사람들은 이런 반응을 보였다. 대학교도 휴학한 상태였다. 즉 고졸의 학력으로 특별한 능력도 자격증도 없던 내가 외국 굴지의 항공사 승무원이 되었다는 소식에 그들은 당연히 놀랄 수밖에 없었다. 그들의 표정을 보면서 나는 은근한 희열과 뿌듯함을 느꼈다.

내가 처음 승무원이 되겠다고 했을 때, 내 가족과 몇몇 친구를 제외하고는 대부분 회의적인 반응을 보였다. 스펙이 훌륭해도 되기 힘들다고 알려진 승무원을 아무런 스펙이 없는 내가 도전하겠다니. 그들은 '네 주제에 감히 어떻게 승무원이 되겠냐'고 생각했을 것이다. 그들의 눈에 나는 가진 것도, 능력도 없는 사람일 뿐이었다.

하지만 내가 보는 나는 달랐다. 나는 많은 꿈이 있었고, 내 삶에 대한 열정과 나에 대한 믿음 그리고 '뭐든 해낼 수 있다'는 자신감이 있었다. 비록 노력해도 쉽게 바뀌지 않는 현실과 마주할 때면 실망과 좌절도 하고 아프기도 했다. 하지만 나는 '포기'라는 걸 모르는 사람이었다. 쓰러지고 넘어져 눈물을 훔칠지언정 포기하지 않고 도전하고 노력하는 끈기가 있었다. 이런 자세와 정신으로 나는 조금씩 내 삶을 만들어 갔다. 서비스 업종에서 일하며 차근차근 경험을 쌓았다. 영어를 좋아했던 나는 어느 순간부터 영어를 사용하는 해외에서 일하고 싶다는 생각이 들었다. 뒤돌아 생각하면 한국에서는 현실적으로 나의 역량을 발휘하기 힘들었다. 현실의 한계를 느낀 나는 2003년 10월에 영어 공부 겸 다양한 경험을 하기 위해서 뉴질랜드로 홀연히 떠났다. 느리지만 조금씩 내 경험과 역량을 늘려가고 있었다.

나는 뉴질랜드에서도 도전과 노력을 게을리하지 않았다. 현지인들과 말 한마디라도 나눠 보고 싶어서 레스토랑에서 일하기로 결심했다. 물론 영어가 서툴렀던 나의 첫 번째 선택은 한국인이 운영하는 레스토랑이었다. 거기서 두 달 남짓 일하면서 나는 조금씩 실전영어를 익혔다.

뉴질랜드에서 영어를 쓰고 일하며 살고 싶었던 나는 여러 가지 방도를 찾기 시작했다. 그리고 영문 이력서를 만들어 현지인이 운영하는 레스토랑이나 카페에 돌리기 시작했다. 두 발로 뛰어다니며 수십 군데에 이력서를 돌렸지만 연락을 주는 곳은 없었다. 그렇지만 나는 포기하지 않고 다음날 다른 곳으로, 또 다른 곳으로 계속해서 도전했다. 그때 알고 지내던 친구들은 "그냥 편하게 한국식당에서 일하지 왜 사서 고생을 하냐"며 의아해했다. 어차피 월급도, 하는 일도 똑같을 것이라고 말했다. 심지어 오히려 한국식당에서 일하는 게 더 편할 것이라는 말도 들었다. 하지만 나는 편안함보다 도전을 통한 발전을 원했다. 물도 고여 있으면 썩는다고 한다. 사람 역시 편하다는 이유로 주어진 환경에 안주한다면 도태될 뿐이다.

나는 우여곡절 끝에 현지인이 운영하는 레스토랑에서 Dishwasher(접시닦이)로 일하기 시작했다. 그리고 홀 스태프로 승진(?)을 하고 1년 뒤에는 매니저급으로 승진했다. 그 뒤 Work Visa(취업비자, 돈 주고도 받기 힘들다는 말이 있다)를 받아 뉴질랜드에서 일하며 살 수 있는 권리를 스스로 쟁취했다. 한국인 지인들은 Work Visa는 아무나 받는 것이 아니라면서 돈도 없고 아는 사람도 없는 나는 힘들 것이라고 했다. 하지만 나를 채용했던 레스토랑 대표는 열심히 일하고 노력하는 내 모습을 보고 흔쾌히 Work Visa를 내주었다. "레스토랑에 필요한 사람이니 당연한 일"이라는 말과 함께.

이때의 경험은 내가 에미레이트항공사에 도전할 수 있는 계기가 되었다. 또한 큰 성취감과 함께 세상에 노력해서 안 될 일은 없다는 것을 배웠다. 물론 아주 큰 노력이 필요하지만 말이다. 그리고 많은 사람들이 시도도 해보지 않고 지레 겁먹고 포기하거나, 쉬운 길만 찾으려 한다는 것을 알게 되었다.

뉴질랜드에서 내가 배운 삶에 대한 태도로 나는 한국에 돌아와서 주변의 걱정 어린 시선에도 불구하고 스스로에 대한 믿음으로 당당히 도전장을 내밀었다. 그리고 한 달 반 만에 에미레이트항공사에 최종합격하는 영광을 누렸다. 내가 그때 주변 사람들의 시선이 무서워서, 세상의 편견에 지레 겁먹고 도전하지 않았다면 지금처럼 승무원이 되고, 부사무장으로 전 세계 동료들을 이끌고 세상을 누비면서 살지 못했을 것이다. 또한 영어 면접 강의를 하고 이렇게 책을 통해서 다른 이들에게 나의 경험과 지혜들을 이야기하는 위치에 결코 서지 못했을 것이다.

스펙이라는 것은 내가 만들어 가는 것이다. 진정한 스펙은 출신 대학도 토익 점수도 자격증도 아니다. 경험을 통해 얻은 교훈을 바탕으로 지혜를 쌓아가고, 실전 연습을 통해서 기술을 익혀가면서 역량을 키운다면 그것이 바로 내 스펙이 되는 것이다. 나는 이력서에 나타나는 지표로만 평가받는 곳에서는 저(低)스펙의 지원자이다. 그런 잣대로 평가받는 곳에서 나는 여전히 한없이 부족한 지원자일 것이다. 하지만 나는 그것이 부끄럽지도 않고, 그렇다고 그들의 기준이 잘못 됐다고 생각하지도 않는다. 회사마다 직업군마다 원하는 인재상과 필요로 하는 자질이 다르기 때문이다. 하지만 승무원을 꿈꾸는 사람들에게 내가 단언할 수 있는 한 가지가 있다. 승무원은 높은 스펙으로 되는 직업이 아니라는 것이다. 왜냐하면 승무원은 기본적으로 사람을 대하는 일이기 때문이다.

주변에 승무원이 된 사람들이 가진 스펙이 멋져 보이는가? 그에 비해 보잘 것없어 보이는 자신의 스펙에 기죽어 도전 자체가 망설여지는가? 도전하기로 마음먹고 시작은 했으나 기죽어서 이도 저도 아닌 상태로 있는가? 그런 당신에게 내가 해 주고 싶은 말이 있다. 도전하지 않는다면 내가 과연 해낼 수 있을지 없을지 누가 알겠는가? 그리고 도전하기로 마음먹고 발을 내디뎠다면 후회 없이 나아가라. 주변의 시선에 흔들리지 말고, 자신을 믿고 최선을 다하라는 말이다. 단 한점의 후회도 남지 않게 자신을 불태워 보라는 말이다.

나는 도전했다. 나를 비웃는 시선과 세상의 잣대에 과감히 도전장을 내고,
나를 믿고 노력한 결과 깜짝 놀랄 만한 멋지고 아름다운 성과를 이루었다.
내가 해냈다면, 이 책을 읽고 있는 당신도 해낼 수 있다.

2

외국 항공사 승무원의 첫 관문, 영어 면접

한국인에게 외국어, 특히 영어는 정복하고 싶은 산이자 정복하기 어려운 골칫거리일 것이다. 그런 우리에게 영어 면접은 더 큰 산으로 다가온다. 면접 자체도 부담스러운데 그 면접을 영어로 진행해야 한다니 말이다. 그래서인지 많은 제자들에 나에게 영어 면접 울렁증을 호소한다. 그런데 이런 울렁증은 영어를 유창하게 구사하든 그렇지 않든 상관없이 나타난다. 즉 영어 면접 울렁증이 영어를 못하는 사람에게만 나타나는 게 아니라는 것이다.

외국에서 제대로 영어를 배운 친구가 있었다. 발음, 억양, 표현력 등 모든 게 완벽했다. 몇 시간을 영어로 대화해도 아무런 문제가 없었다. 하지만 막상 영어 면접 연습에 들어가면 표현들이 딱딱해지고 교감이라고는 찾아볼 수 없이, 준비한 내용을 줄줄 읊어대는 것이었다.

그 친구의 영어 실력과 내가 처음 에미레이트항공 면접에 응시했을 때 나의 수준을 비교하자면, 그 친구의 실력이 나보다 단연 월등하다고 할 수 있다. 하지만 면접 순간의 'Performance'를 비교하면, 나는 대화를 통해 면접관과 소통을 했지만 그 친구는 일방적으로 자신의 말만 하는 모습이었다. 이 책을 읽는 독자들도 그 친구의 모습에 공감할 것이다. 그게 바로 당신의 모습일 수도 있기 때문이다.

나의 경우, 뉴질랜드에서 최초의 영어 면접을 경험했다. 현지인이 운영하는 레스토랑에서 일하기 위함이었다. 물론 격식을 갖춘 자리는 아니었다. 레스토랑 대표와 업무에 대한 간단한 질문과 대답을 주고받으며 면접이 진행됐다. 지금 생각해 보면 이때의 경험이 내가 에미레이트항공 면접을 볼 때 아주 큰 도움이 되었다. 왜냐하면 이 영어 면접을 통해서 나는 영어 면접이 질의응답 시간이 아닌 대화하는 시간이라는 사실을 알게 되었기 때문이다.

족히 100군데 가까이 이력서를 냈는데 한곳에서 연락이 왔다. 주어진 업무는 접시를 닦는 일. 나의 목표는 현지인이 운영하는 곳에서 현지인들과 일하는 것이었으므로 한달음에 달려갔다. 그만큼 소중한 기회였다. 그런 나의 마음을 다 표현해야 했다. 얼마나 일하고 싶은지, 기회만 주면 뭐든 잘할 수 있다는 열정을 보여 주고 싶었다. 면접 당일, 단정하게 꾸미고 떨리는 마음으로 레스토랑에 갔다. 그리고 면접 내내 서툰 영어로 내가 할 수 있는 모든 표현을 했다. 그런 나를 보고 레스토랑 대표가 말했다. "오늘부터 일 해 볼래?" 나는 미리 준비해 간 티셔츠와 운동화로 갈아 신고 접시를 닦는 곳으로 향했다. 거기서 1년 6개월을 일하고 Work Visa를 받을 수 있었다.

나중에 레스토랑 대표에게 들은 이야기지만 처음에 면접 보러 온 나를 보고 꽤 놀랐다고 한다. 하이힐을 신고 한껏 꾸민 모습과, 영어도 서툰 아시안 여자가, 남자도 하기 힘든 Dishwasher를 하겠다고 왔으니 의심이 생겼던 것이다. 그냥 돌려보내려다가 면접 내내 내가 보여 준 밝은 에너지와 열정이 느껴져 밑져야 본전이니 '하루만 시켜 보자'라는 마음으로 기회를 준 것이라고 했다. 바로 여기에 면접의 모든 것이 들어있다.

면접관은 완벽한 이상향 또는 직무를 완벽하게 수행할 사람을 찾기 위해 면접을 진행하는 게 아니다. 면접이라는 과정을 통해서 지원자의 가능성과 잠재력을 보려는 것이다. 물론 경력자의 경우는 다르다는 것을 살짝 짚고 넘어가자. 그럼 여기서 질문을 하나 던져보자. "나의 가능성과 잠재력을 어떻게 보여 줄 수 있을까?" 그 대답은 나의 태도와 에너지에 있다. 열정적인 자세와 진취적이고 미래지향적인 태도, 그리고 밝은 에너지를 통해 지원자의 가능성과 잠재력을 살펴볼 수 있는 것이다.

우리가 어려워하는 영어 면접도 마찬가지다. 아무리 영어를 유창하게 구사해도 태도와 자세가 나쁘다면 좋은 이미지를 남길 수 없다. 그렇다고 영어를 못해도 된다는 의미가 절대 아니다. 기본적인 의사소통이 아예 불가능하다면 아무리 좋은 에너지와 자세를 보여 준다고 해도 좋은 결과를 얻을 수 없다. 다만 유창한 영어 실력이 영어 면접의 전부가 아니라는 것을 강조하는 것이다.

수년간의 강의를 통해서 알게 된 것이 있는데, 대부분의 지원자가 자신을 어필하기 위해 자기소개서의 내용을 달달 외우는 데 많은 시간을 쏟는다는 것이다. 많은 지원자들이 예상 질문을 뽑아서 영어로 답변을 만드는 데 많은 시간과 공을 들인다. 그리고 준비한 답변을 무작정 외우는 데 집중한다. 그리고 대망의 면접날 면접관 앞에서 자신이 준비한 대답을 그저 열심히 읽어 내려간다.

'읽어 내려간다' 이 글귀에 집중해야 한다. 앞에서 언급했듯이 면접은 대화하는 시간이다. 내가 준비한 답변을 읽어 내려가는 시간이 아니다. 만약 글에 적힌 내용이 무엇보다 중요했다면 면접관은 결코 그 먼 곳에서 면접을 보기 위해서 여기까지 오지 않을 것이다. 단순하게 전자우편으로 해당 답변을 보내라고 하면 될 일이다. 그럼 면접관은 이 먼 곳까지 왜 오는 것일까? 왜 굳이 직접 만나서 면접을 진행하고자 하는 것일까? 면접관은 지원자와의 대화, 그리고 그 지원자가 보여 주는 태도와 자세를 통해서 이 친구가 어떤 동료가 될지 파악하고 해당 직무에 대한 업무 능력 가능성을 가늠한다. 이런 대화에 전문가 수준의 영어 실력이 필요하지는 않다.

이런 나의 의견에 어떤 친구는 이렇게 반문할 것이다. "영어로 대화하는 것도 힘든데 영어 면접에서 대화를 한다는 게 얼마나 힘든지 아세요?" 나의 대답은 '아주 잘 알고 있다'이다. 나도 영어를 아주 못하던 시절이 있었다. 누구나 처음은 있다. 처음부터 잘하라는 것이 아니다. 이제부터라도 면접을 단순 질의응답이 아닌 간절하고 소중한 기회인 만큼 진솔한 대화로 그 기회를 놓치지 말라는 것이다. 내가 처음 뉴질랜드 레스토랑에서 일자리를 구했을 때도 에미레이트항공에 입사하기 위해 면접을 볼 때도 나의 영어 실력은 그다지 출중하지 못했다. 그 누구보다 내가 나의 현실을 잘 알고 있었다. 그렇다고 면접을 볼 때 주눅 든 말투와 자세로 임하지는 않았다. 왜냐하면 면접도 대화의 연장이라고 생각했기 때문이다. 실수도 하고 못 알아듣기도 했지만 영어로 대화하려고 노력하고, 부족한 실력이지만 최선을 다해 대답하고 경청하는 내 모습을 보여 줬기에 나는 합격이라는 영광을 거머쥘 수 있었던 것이다.

당신은 지금 승무원이라는 꿈을 갖고 있을 것이다. 당신이 승무원이 되기 위해 거쳐야 하는 첫 관문이 바로 영어 면접이다. 이 영어 면접은 당신 영어 실력의 상·중·하를 테스트하기 위한 자리가 아니라, 당신에 대해서 공용어인 영어를 사용해서 알아가고자 하는 시간이다. 그러니 영어 면접을 준비하는 지금 이 순간부터 영어 면접은 '어렵다'라는 생각을 버리고, 대화를 하는 듯한 느낌으로 준비를 해 보자. 실수도 대화의 일부분일 뿐이다. 실수를 하면 바로 인정하고 대화를 다시 이어나가면 된다. 이런 자세가 당신을 영어 면접에서 성공적인 결과를 만들어 줄 것이다. 그리고 영어 면접에서 성공한 당신은 이제 막 승무원이 되기 위한 첫걸음을 뗀 것이다.

3

면접은
대화를 하는 순간이다

면접(面接)의 뜻을 풀이하면 '직접 얼굴을 보고 사귀다'라는 의미가 된다. 이처럼 면접의 사전적 정의를 살펴봐도 면접이 대화를 통해서 서로에 대해서 알아가는 과정이라는 것은 우리는 쉽게 알 수 있다. 하지만 안타깝게도 대부분의 준비생들이 면접을 질의응답의 시간이라고 생각한다. 그러니 면접이 진행되면 자세가 굳고, 심문을 당하는 것처럼 대답한다. 이에 더해서 면접관이 좋아하는 대답 또는 정답이 있을 거라고 생각한다. 그래서 답변을 준비할 때도 자신의 경험이나 생각에서 이야깃거리를 찾는 게 아닌 면접관이 좋아할 만한 내용을 찾으려고 한다.

이해할 수 있다. 이 면접을 잘 봐야 그토록 원하던 승무원이 될 수 있으니 얼마나 잘 보이고 싶겠는가. 그러니 자연스럽게 '면접은 평가 받는 자리'라고 생각할 것이다. 나 역시 이 생각에 동의한다. 면접은 지원자가 평가 받는 자리다. 다만, 지원자가 발표한 내용만으로 평가 받는 것이 아닌 대화하는 자세와 태도 등이 함께 어우러져 종합적으로 평가를 받는 것이다.

실제 우리는 친구 또는 새롭게 만난 사람과 대화를 하면서 정답이라는 것을 정해 놓고 상대에게 질문을 하지는 않는다. 오가는 대화를 통해서 상대의 의중을 헤아리고 이해하게 되는 것이다. 당신이 소개팅에 나갔다고 가정하자. 처음 만난 상대가 어떤 사람인지 알기 위해서 당신은 어떻게 할 것인가? 대화를 하려고 할 것이다. 이 대화 속에는 질문도 있고 대답도 있다. 상대와 대화를 하면서 당신은 질문을 던질 때 정답이라는 것을 미리 정하고 질문을 하겠는가? 정답을 정해 놓지는 않지만 자신의 의중에 맞게 대답을 기대하는 것은 사실일 것이다.

그렇다고 나의 의중과 다른 대답을 들었다고 바로 그 자리에서 '이 사람은 별로야'라고 평가하겠는가? 아닐 것이다. 대신 그 사람이 왜 그런 이야기를 하는지 의중을 파악하기 위해서 다시 질문하며 이해하고자 하는 모습을 보일 것이다. 반면 대화를 하면서 나와 뜻이 통하고 대화가 잘 이어진다면 상대방에 대한 호감도가 상승하고 즐거운 마음이 들 것이다. 또한 대화를 하는 분위기나 내용이 좋았다면 나와 생각이나 뜻이 100% 맞지 않는다고 해도 괜찮다는 생각을 하게 될 것이다. 나의 의중에 맞는 대답을 했다고 해도 혼자만의 세계에 빠져서 대화가 아닌 설명조의 답변 형식이나 가르치는 듯한 느낌으로 대답을 한다면 결과는 오히려 반대가 될 것이다. 또한 자신의 답변에 너무 집중한 나머지 듣고 있는 '나'에 대한 배려나 관심이 보이지 않는다면 그 사람에게 결코 큰 매력을 느끼지 못할 것이다.

여기에 면접의 모든 비밀이 담겨 있다. 면접은 두 사람이 소통을 통해서 서로에 대해서 알아가는 것이다. 혹자는 이 말에 이런 질문을 할 것이다.

"면접은 제가 평가 받는 자리 아닌가요? 그런 자리에서 어떻게 대화를 할 수 있죠?"

면접은 일방적으로 평가 받는 자리가 결코 아니다. 면접에 들어가서 그 회사가 면접을 진행하는 방식이나 면접관의 자세와 태도 등을 통해서 지원자 역시 그 회사를 평가하게 된다. 대부분 사람들이 특정 회사 면접에 갔다가 합격 여부와 상관없이 '와, 정말 이 회사에서 일하고 싶다'는 열정이 생기거나, '아, 이런 회사에서는 기회가 와도 일하기 싫다'라는 평가를 해본 적이 있을 것이다.

기업 역시 지원자들이 의도적이든 무의식중이든 이런 식의 평가를 한다는 것을 알고 있다. 그리고 지원자들의 평가를 중요하게 여긴다. 왜냐하면 이런 평가들이 모여서 회사의 이미지가 달라짐을 알고 있기 때문이다. 또한 지원자 역시 잠재 고객이 될 수 있기 때문이다. 따라서 면접관들도 면접을 진행하며 매너 있게 행동하고 좋은 이미지를 심어주려고 한다. 그러나 면접관은 합격과 불합격이라는 열쇠를 쥐고 있는 사람이다. 그렇기에 지원자로서 더 좋은 모습을 보여야 하는 것은 당연한 일이다.

대부분의 지원자는 한두 명의 면접관을 만나 짧게는 3분에서 길게는 한 시간 정도를 함께 보낼 것이다. 하지만 면접관 입장에서는 하루에 수십~수백 명의 면접을 진행한다. 그런데 거의 모든 지원자들이 면접관 앞에서 일장연설을 늘어놓는다고 생각해 보자. 아무런 소통 없이 말이다. 당신이 면접관이라면 어떤 생각이 들겠는가? 면접관도 사람이다. 때문에 지루해지고 집중이 흐려지는 것은 당연한 일이다. 지루함만 남긴 지원자가 기억에 남을 리 없다. 그런 와중에 어느 지원자가 밝게 인사하면서 나와 즐겁게 대화하듯이 면접을 진행한다면? 그 지원자가 면접관에게는 오히려 구세주 같은 느낌이 들 수도 있다. 나와 소통하려 하고 즐겁게 이야기를 꾸며 나가는 상대방에게 좋은 평가를 하는 건 당연한 결과일 것이다. 물론 면접이 주는 압박감에 대화를 하듯이 면접을 이끌어 나간다는 게 어렵다는 것은 나 역시 잘 알고 있다. 하지만 불가능한 것은 절대 아니다. 지레 겁부터 먹고 안 된다는 생각에 휩싸여 포기부터 하는 건 바람직하지 않다.

면접이 주는 압박감을 없앨 수는 없다. 하지만 당신이 면접에서 정말 좋은 모습을 보이고 싶다면, 당신의 마음가짐을 바꿀 필요가 있다. 압박 속에서도 소통하기 위해 노력한다면 불가능한 이야기가 아니다. 소통은 상대에게 집중하고, 상대의 말을 듣고 나의 이야기를 하면서 서로를 배려하는 자세에서 오는 것이다. 면접이라는 과정에서 이런 모습을 보인다면 면접관은 한눈에 그런 지원자의 자세와 태도를 알아볼 수 있다. 동시에 지원자 역시 면접을 무서운 것으로 여기지 않을 것이다. 오히려 대화하는 순간을 즐기게 될 것이다. 기억하라! 면접은 대화를 통해서 지원자를 알아가고자 하는 시간이라는 것을.

4

긴장마저도
즐거라

"선생님, 전 원래 상냥하고 밝은 사람인데 긴장해서 그래요."

강의를 하다가 무표정한 얼굴과 말투 그리고 경직된 자세로 임하던 S에게 조언을 했더니 그 친구가 나에게 한 말이다. 원래 자신은 남들에게 먼저 잘 다가가고 친절해서 칭찬도 많이 받고 잘 웃는다는 말과 함께.

하지만 안타깝게도 몇 번의 강의를 진행하는 내내 나는 S가 말한 그런 모습을 전혀 찾아볼 수 없었다. S는 매번 긴장해서 평소 모습이 잘 안 나오는 거라는 이유를 들었다. 긴장해서 어쩔 수 없었다는 것을 이해 못하는 바는 아니지만, 그렇다고 그냥 넘어갈 수도 없었다. 계속 이런 모습으로 면접을 본다면 낭패를 당할 것이 불 보듯 뻔했기 때문이었다.

면접은 누구에게나 떨리는 자리이다. 나의 긴장감이 다른 사람보다 더하지도 덜하지도 않듯 남의 긴장감이 나보다 덜하지도 더하지도 않다. 간절히 원하는 만큼 긴장감은 더 커질 것이다. 그런 마음을 충분히 이해하지만 핑곗거리는 될 수 없다. 그렇기에 긴장했다는 이유로 지원자가 면접에서 제대로 된 모습을 보여 주지 못한다면 좋은 결과를 기대할 수 없다.

내가 태어나서 처음 제대로 된 면접을 본 순간은 카타르항공 면접이었다. 한 달 반의 승무원 준비기간을 거치고 치러진 면접에서 나는 극도의 긴장감을 맛보았다. 현지인 면접관이 아닌 대행사 소속의 한국인 면접관들이었음에도 불구하고 나는 긴장감이 하늘 무서운 줄 모르고 치솟는 것을 느꼈다. 면접 내내 나는 긴장감을 이기지 못하고 무표정에 딱딱한 태도로 면접에 임했다. 대답도 당연히 잘 하지 못했다. 나는 평소에 잘 웃기로 정평이 난 사람이었다. 하지만 면접을 진행하면서 나는 미소 한번 제대로 짓지 못하고 로봇처럼 앉아 있다가 왔다. 결과는 당연히 'Fail'이었다. 속으로 '당연히 떨어질 수밖에 없지'라고 생각하면서도 합격자 명단 확인란에 뜬 빨간색의 'Fail'이라는 글자가 너무 야속하게 느껴졌다.

나는 내 면접이 어땠는지 뒤돌아보았다. 내가 면접관이었다면 '나라는 사람이 어떻게 보였을까?'에 대해서 말이다. 면접 내내 웃지도 않고 경직된 모습으로 로봇처럼 이야기하는 나에게서 과연 매력을 느낄 수 있었을까? 대답은 당연히 'No!'였다. 긴장은 누구나 한다. 그런 순간에 최선을 다해 좋은 모습을 보이려 노력하는 친구들이 있었다. 조금은 서툴러도 미소와 함께 정말 열심히 대답하면서 말이다. 반면 나처럼 웃음 한번 보이지 못하고 경직된 모습으로 임하던 친구도 있었고, 오히려 인상을 쓰면서 면접에 임하던 친구도 있었다. 이 긴장되는 순간에 이런 다양한 모습을 보이는 지원자들 속에서 나라면 누구에게 시선이 가겠는가? 대답은 너무 간단했다.

카타르항공 면접의 실패는 나에게 아주 단순하면서 귀중한 교훈을 안겨주었다. 일차에서 탈락의 고배를 마시니 당연히 두 번째 기회는 없었다. 그래서 기회가 주어졌을 때 그 순간에 최선을 다해야 한다는 것을 배웠다. 그리고 열흘 정도 뒤 나는 에미레이트항공 면접을 보게 되었다. 그 기회가 너무 소중하게 느껴져서, 주어진 기회를 긴장된다는 이유로 날려버리고 싶지 않았다. 이번에도 같은 대행사의 같은 한국 면접관들과 일차 면접을 보았고 또다시 엄청난 긴장감이 나를 휩쓸었다. 하지만 같은 실수를 반복하고 싶지 않았기에 나는 면접관을 향해 미소를 지으려 노력했다. 긴장감에 얼굴 근육에 경련이 일어날 정도였다. 웃는 게 웃는 것이 아니었다.

그 순간 면접관 한 분과 눈이 마주쳤다. 나는 그 분을 향해 미소를 짓는다고 지었지만 내 근육들은 내 미소를 어색한 근육의 떨림으로 바꾸어 놓았다. 하지만 나는 포기하지 않고 최선을 다해 노력했다. 내 얼굴 근육의 요동침을 고스란히 느낄 수 있었다. 그런데 놀랍게도 그런 내 모습을 보고 면접관이 살포시 웃어주는 것이 아닌가. 느낌이 좋았다. 그리고 일주일 뒤, 나는 일차 합격이라는 결과를 받았다. 면접을 볼 수 있다는 것이 그렇게 기쁜 건지 새삼 느끼면서 긴장감마저도 내가 받아들여야 하는 것이라는 걸 알게 되었다. 그렇다고 내가 긴장을 전혀 하지 않았다는 말이 아니다. 긴장감으로 인해 얼굴에 경련이 일어나면서까지 좋은 모습, 노력하는 모습을 보여 주기 위해서 최선을 다했다는 말이다. 이것이 내가 바로 긴장감을 받아들이고 즐긴 방법이다.

면접관도 면접이라는 단계를 거쳐 입사를 하고 지금 그 자리에 올라왔을 것이다. 그렇기에 지원자들의 떨리는 마음과 멈추지 않는 긴장감을 모르는 바가 아니다. 그래서 긴장을 하는 지원자들에게 응원의 말도 해 주고 농담도 하며 가벼운 이야기로 분위기를 편안하게 만들어 주려고 한다. 그런데도 면접은 절대 지원자에게 편안한 자리가 될 수 없다. 가슴이 요동치고 숨이 막힐 것 같은 긴장감은 절대 없어지지 않기 때문이다. 그래서 나는 긴장감을 없애기 위해서 노력하라고 말하지 않는다. 오히려 반대로 그 긴장감마저도 즐기라고 조언한다.

학원에서 강사로 일하던 시절 실제로 일차 면접을 진행한 적이 있다. 면접관으로서 면접을 보기 위해서 먼 걸음을 달려온 지원자들의 다양한 모습을 마주하게 되었다. 다들 긴장한 모습을 감추지는 못했다. 하지만 면접이 진행되면서 어떤 친구는 경직된 얼굴로 임하고, 어떤 친구는 방어적이 되고, 어떤 친구는 심하게 떨기도 하고, 어떤 친구는 너무 즐거워하고, 어떤 친구는 정말 밝은 모습을 보여 주었다. 그중에서 예전의 나를 보는 듯한 지원자를 마주한 적이 있었다. 웃고는 있지만 잔뜩 긴장한 나머지 입 주변 근육은 경련을 일으키고 있었다. 그 와중에 내 눈을 바라보며 성실히 대답하는 친구를 보면서 10여 년 전 왜 그 면접관이 나를 뽑았는지 이해할 수 있었다. 어떻게든 노력하는 모습이 예뻐 보였던 것이다. 나 역시 최고의 모습은 아니었지만 최선을 다하는 그 지원자가 그 누구보다 빛나 보였다.

자신의 긴장감을 표현하는 방법이 모두 다르다는 것은 충분히 이해한다. 그렇지만 자신이 그토록 원하는 목표를 성취하기 위해 오랜 시간을 준비해서 면접 기회를 잡았는데 면접관 앞에서 멋진 모습을 보여 줄 수 없다면 너무 억울하지 않겠는가? 긴장해서 어쩔 수 없다는 것은 핑계일 뿐이다. 왜냐하면 누구나 긴장하기 때문이다.

아무리 면접관이 당신의 긴장감을 이해해도 끝까지 경직된 자세나 로봇 같은 모습을 보인다면 결국 면접관의 선택은 불합격일 수밖에 없을 것이다. 같은 환경과 같은 조건 아래에서 더 나은 모습을 보이는 지원자가 있기 때문이다. 여기서 당신이 기뻐해야 할 한 가지는 면접관은 완벽하게 면접을 이끌어 가는 모습을 기대하지 않는다는 것이다. 면접관은 최고가 아닌 최선을 다하는 지원자를 보고 그 안의 가능성을 가늠해보고 평가하러 이 자리에 왔다. 지금 승무원으로 일하고 있는 나뿐만 아니라 다른 이들 역시 최고의 모습을 보여 주었기에 승무원이 된 게 아니다. 그 순간 자신이 할 수 있는 최선의 모습을 보여 주었기 때문에 승무원이라는 타이틀을 거머쥐게 된 것이다. 당신에게 기회가 온다면 최선을 다하는 모습으로 긴장감마저도 즐겨보자.

5

약점이라고 생각하면
끝까지 나의 약점이 된다

사람은 누구나 한두 가지의 "약점"을 가지고 있다. 우린 결코 완벽하지 않기 때문이다. 약점이 있다는 것 자체가 우리가 사람이라는 말일 것이다. 그 약점은 성격이나, 신체, 상황, 업무 수행 능력 등에서 나타날 수 있다.

나는 우리가 쉽게 사용하는 "약점"이라는 단어를 썩 좋아하지 않는다. 약점이라는 단어가 주는 의미가 맘에 들지 않고 왠지 모르게 내가 나약한 사람 같이 들리기 때문이다. 그래서 나는 약점이란 단어 대신 '부족한 부분'이라는 표현을 쓰고 싶다. 사람은 누구나 부족한 부분이 있다. 나 역시 많은 면에서 부족하다. 하지만 이런 부족한 점이 누구와 비교해 나의 약점이라고 생각하지는 않는다. 부족하기에 스스로 채워나가야 하는 부분일 뿐이다.

내가 약점이라는 단어를 이렇게 이야기하는 데는 이유가 있다. 많은 지원자들이 스스로 느끼는 약점 때문에 위축되고 좌절하기 때문이다.

약점의 사전적 의미를 보면 "모자라서 남에게 뒤떨어지거나 떳떳하지 못한 점"이라고 나온다. 이런 의미로 사용되는 약점을 가지고 있다고 생각하니 스스로가 남들과 비교해 모자라 보이고 부족해 보이는 것이다. 그리고 자신이 가진 약점들로 인해서 자꾸 위축되고 좌절하게 되는 것이다.

여기서 더 나아가 지원자들은 자신의 약점을 숨기기 위해서 전전긍긍하는 모습을 쉽게 드러낸다. 무언가를 숨기려다 보니 오히려 표정이나 태도에서 석연찮은 모습들이 나타나게 된다. 수많은 아이들의 모의 면접을 진행했던 나조차도 그런 모습을 보게 되고 그 지원자에 대해 '뭐지?'라는 의구심이 드는데, 수백~수천 명의 면접을 진행했던 면접관 눈에 그런 어색한 모습이 포착되지 않겠는가?

늘 열심히 공부하고 노력하던 제자 K가 있었다. 이 친구는 영어도 아주 유창했고, 성격이나 수업 태도도 훌륭했다. 이런 K를 안 좋아할 수 없었다. 하지만 수업을 진행하면서 이 친구가 본인의 외모를 약점이라고 생각한다는 것을 알게 되었다. 어느 날 수업을 하다가 활짝 웃는 모습이 예뻐서 "K는 웃는 모습이 참 예쁘다!"라고 칭찬을 했다. 그랬더니 한사코 부정하며 내가 자신의 선생이기에 좋게 봐주는 것이라고 자신 없는 말투로 이야기했다. 내 눈엔 너무 예쁜 K인데, 스스로 외모를 단점으로 생각한다는 말을 들으며 속상했던 기억이 난다.

어쩌면 내가 K를 좋아하기 때문에 예뻐 보이는 거라는 말이 맞을 수도 있다. 누군가에게 애정이 있으면 그 사람의 모습이 좋게 보이는 것은 사실이다. 하지만 그 친구가 간과한 부분이 있었다. 그건 내가 그 친구를 예쁘게 보게 된 이유이다. 그게 과연 무엇이었을까? 바로 그 친구 자체였던 것이다. 수업 시간에 K가 보여 준 자세나 태도 그리고 수줍게 웃는 미소가 너무 예뻤던 것이다. 내가 K를 좋아해서 그 친구가 예뻐 보인 것이 아니라 그 친구가 좋은 모습을 보였기 때문에 그 친구의 모든 것이 예뻐 보인 것이다. 그리고 실제로도 K는 준수한 외모를 소유하고 있었다.

나는 아무리 뛰어난 미모를 가지고 있어도 잘 웃지 않거나 미소가 인위적이라면 칭찬은커녕 오히려 더 웃으라고 조언한다. 미모가 영어 면접에서 합격하는 요소가 절대 아니기 때문이다. 실제로 도도하게 앉아서 '난 예쁘다'라는 표정으로 일관하던 친구도 가르친 적이 있다. 객관적으로 봐도 뛰어난 미모를 가지고 있었지만, 난 단 한 번도 그 친구가 예쁘게 보이지 않았다. 보여 주는 자세나 태도가 별로였기 때문이다. 그 친구는 국내 항공사 면접을 준비하다가 계속 실패하자, 나이 제한이 비교적 덜한 외항사에 도전하는 것이라고 했다. 자신은 다른 이들에 비해서 뛰어난 미모를 가지고 있는데 왜 최종합격까지 갈 수 없는지 의아하다며, 피부나 외모 등 보이는 부분에 치중해서 면접을 준비하고 있었다. 물론 지금도 외모만 열심히 가꾸고 있다고 전해 들었다.

이 친구의 이야기에서 알 수 있듯이 승무원 면접은 외모만으로 평가받는 것이 절대 아니다. 나는 자신의 외모를 단점으로 여기는 K에게 이런 조언을 했다.

> "네가 가진 밝은 에너지와 태도 그리고 친절한 자세 등 장점을 부각해. 그리고 외모를 약점이라 생각하지 말고, 감추려고 하지 마. 오히려 당

당하게 웃어. 네가 약점이라고 생각하고 감추려 들면 더 위축되는 거야. 실제로 넌 아름답고 멋있는 여자야."

그 후 얼마 뒤, K로부터 놀라운 메시지를 받았다. 커피숍에서 일하던 친구였는데 손으로 입을 가리지 않고 활짝 웃으며 손님을 대했더니 한 손님에게서 '웃는 모습이 너무 예쁘다'는 칭찬을 들었다는 것이었다. 그러면서 K는 조금씩 스스로 당당해지기 시작했다. 그 친구의 외모가 바뀌었던 것일까? 아니다. 다만 그 친구가 스스로 약점이라고 생각하고 감추고자 했던 것을 당당히 드러낸 순간, 약점은 더 이상 약점이 아닌 것이었다.

면접은 내가 가지고 있는 것들을 수치화하는 작업이 아니다. 앞에서 언급한 것처럼 면접(面接)은 사전적 의미로도 '서로 대면하여 만나 봄'이라고 쓰인다. 다른 말로는 '직접 만나서 대화를 통해 그 사람의 인품이나 언행 따위를 평가하는 시험'이다. 그런데 많은 친구들은 자신의 영어 점수, 학력, 자격증, 심지어는 외모 등을 가지고 수치화해서 평가 받는 자리라고 생각한다. 그렇기에 스스로 만든 약점에 한도 끝도 없이 무너지고 만다. 자신의 약점이 마이너스 요인이라고 생각하기 때문이다. 그러다 보니 면접을 보는 내내 자신의 약점이 드러날까 전전긍긍하는 모습을 쉽게 보인다. 앞서 말했듯이 이런 지원자의 모습은 신뢰감을 떨어뜨린다. 무언가를 감추려 하고 자신 없어 하는 모습을 보이는 지원자에게 신뢰감이 떨어지는 건 당연한 결과가 아니겠는가.

나는 'What is your shortcoming/weak point?'라는 질문을 좋아한다. 지원자의 성향이 보이기 때문이다. 자신의 부족한 점을 잘 파악하고 채우기 위해서 노력하는 진취적인 사람인지, 자신의 약점을 숨기기에 급급한 사람인지를 말이다. 반면 지원자들은 이 질문을 상당히 꺼린다. 왜 그런지 물어보니 '자신의 진짜 약점을 말하면 떨어질 것 같아서'라고 한다. 물론 면접에서 자신의 약점을 다 드러낼 필요는 없다. 하지만 그 부분 때문에 스스로 위축되지 말아야 한다. 그리고 건설적인 모습으로 부족한 부분을 채워나가는 모습을 보이면 된다. 면접관은 바로 그 모습에 좋은 점수를 주게 되어 있다.

앞에서 언급했듯이 세상에 부족한 부분이 없는 사람은 없다. 면접관마저도 부족한 부분을 가지고 있다. 그런 면접관이 과연 면접을 통해서 완벽한 사람을 찾으려고 할까? 결코 아닐 것이다. 그렇기에 자신 가진 부족한 부분에 대해서 위축되고 숨기려고 할 필요가 없다. 오히려 자신의 부족한 부분을 인식하고 인정한 뒤에 채워나가기 위해서 노력하는 모습을 보이면 된다. 이런 자세는 면접에서 뿐만 아니라 당신이 더 멋진 인생을 살아가는 데에도 중요한 역할을 할 것이다.

6

당당하되 겸손함으로
나를 어필하라

면접은 자신감을 가지고 당당하게 임해야 한다. 우리 회사를 대표해서 유니폼을 입고 일하는 친구를 뽑으러 왔는데 지원자가 위축된 모습으로 임하거나 쭈뼛거린다면 과연 면접관의 마음에 들 수 있겠는가?

여기서 중요한 것이 '우리 회사를 대표해서 유니폼을 입는 사람'이라는 것이다. 승무원의 걷는 모습, 말하는 태도와 자세, 표정 등 모든 것이 해당 항공사의 이미지와 평판을 대표한다. 때문에 항공사에선 자신감이 있는 사람을 선호한다. 자신감 있고 당당한 모습의 지원자가 다른 사람에게 긍정적이고 좋은 이미지를 심어주기 때문이다.

반면 자신감 없는 지원자는 뭔가 부족해 보이고 위축되어 보인다. 그런 모습은 부정적인 이미지로 상대에게 인식된다. 회사의 이미지는 곧 회사의 명성과 직결된다. 스스로 자신감 없이 행동하는 사람이 과연 회사를 대표해서 다른 이에게 좋은 이미지를 보여 줄 수 있을까? 아닐 것이다. 따라서 면접관은 면접이라는 과정을 통해서 단순 답변이나 지원자의 배경만을 살펴보는 것이 아니고 그 사람의 걷는 모습, 웃는 얼굴, 앉는 자세, 대화하는 태도 등 다양한 모습을 체크 하고 평가하는 것이다.

그렇다면 자신감은 어디에서 나오는 것일까? 그건 바로 내면에서 나온다. 자신감(自信感)의 뜻을 풀이해 보면 "스스로를 믿는 감정"이다. '자신이 무언가를 잘 해낼 수 있다고 믿는 감정'이라는 뜻이다. 그런 자신감은 수치화된 결과가 있어야 생기는 것이 아니다. 내가 '할 수 있다'고 스스로를 믿고, 그 믿음을 실현하기 위해 노력하는 자세를 통해서 자연스럽게 생기는 것이다.

자신감 있는 사람은 한두 번의 실수나 실패에 쉽게 좌절하지 않고 다시 힘을 내서 앞으로 나아가기 위해 노력한다. 언제가 멋지게 해낼 거라는 것을 믿기 때문이다. 그리고 자신의 수치화된 능력이 아닌 자신의 잠재력을 믿는다. 그리고 이런 긍정적인 자세는 다른 사람의 눈에 좋은 이미지를 심어준다.

하지만 자신감 없는 대부분의 사람은 "난 못해", "난 부족해"라는 자세로 일관한다. 그리고 실수나 실패를 하면 변명을 늘어놓으며 쉽게 좌절한다. 이런 부정적인 자세는 상대방에게 본인에 대한 부정적인 이미지를 심어줄 수밖에 없다. 그렇다고 근거 없는 자신감을 가지라는 것이 아니다. 작은 성취라도 귀하게 여기면서 자신감을 쌓으면 된다. 그렇게 스스로 근거를 만들면서 자신감을 높이면 된다.

나는 과유불급(過猶不及, 지나치면 미치지 못한 것과 같다)이라는 사자성어를 좋아한다. 뭐든 지나치면 탈이 나기 쉽다. 자신감도 마찬가지다. 자신감이 과해지면 자만이 되기 쉽다. 자만(自慢)은 자신의 능력이나 가진 것을 뽐내는 행위를 말한다. 나는 이런 경우도 수없이 보았다. 자신의 미모로 승부를 보려는 친구도 있었고, 출중한 영어 실력만 가지고 자신만만해 하는 친구들도 보았다. 드물게는 정말 가진 것은 하나도 없으면서 자신의 능력을 과대평가하는 친구도 보았다. 하지만 이런 친구들의 대부분은 최종합격이라는 결과를 쉽게 만들지 못했다. 나 역시도 면접 강의를 진행하면서 이들의 자만심에 혀를 내둘렀는데 면접관은 오죽하겠는가?

내가 처음 에미레이트항공 면접을 보았을 때, Discussion(토론식 면접, 여러 명의 지원자가 한 조를 이루어 토론한다. 이때 면접관은 지원자의 태도와 소통 방식 등을 주의 깊게 살펴본다—저자) 면접에 참여한 적이 있다. 그때의 주제와 우리 조원들의 행동들이 아직도 기억에 생생하다. 면접의 '면'자도 모르던 내 눈에도 일부 조원들의 행동이 의아했기 때문이다. 주제는 '한국의 영어 조기 교육 열풍'에 관한 것이었다. 8명의 지원자가 한 조가 되어 영어로 토론을 시작했다. 그런데 이 중 3명은 자신들의 뛰어난 영어 실력을 뽐내며 나머지 5명의 지원자(나를 포함한)들의 의견은 들을 생각도 하지 않았다. 자기들끼리 어려운 표현을 써가면서 그들만의 토론을 했다. 영어가 서툰 지원자가 의견을 말하면 지루하다는 표정을 보이고 다시 자기들끼리 말을 이어갔다. 아주 유창한 영어로 말이다. 그리고 토론이 끝난 뒤 다 같이 방을 나가면서 이들이 한 이야기가 아직도 귀에 맴돈다.

"우리 너무 잘했죠? 우리 3명은 무조건 합격이에요!"

나는 그 순간 이 3명이 합격한다면 과연 어떤 승무원이 될지 궁금해졌다. 자신의 유창한 영어 실력을 스스로 높이 평가하고 영어가 서툰 다른 이들을 얕보던 그들이 과연 합격할 수 있을까? 내 눈에는 그들의 자만이 보일 뿐이었다. 토론이 끝난 뒤, 면접관들이 모여 상의를 한 뒤 바로 합격과 불합격의 결과가 나오는 방식이었기에 우리는 다시 방 안으로 들어갔다. 결과는 어땠을까?

8명 중 3명만 합격 소식을 들었는데, 유창한 영어를 자랑했던 3명은 모두 탈락했다. 나의 예상은 빗나가지 않았다. 오히려 다른 사람의 의견을 들어가며 서툰 영어로 의견을 냈던 3명(나 포함)이 합격의 영광을 얻었다. 물론 전혀 참여하지 않았던 2명도 탈락의 고배를 마셨다.

이들이 불합격한 이유가 무엇일까? 자신을 낮추는 '겸손'이 없었기 때문일 것이다. 겸손한 마음이 없으니 상대방에 대한 '배려'도 찾아보기 힘들었다. 유창한 영어 실력과 함께 자신보다 영어를 조금 못하더라도 상대방이 힘겹게 영어로 이야기를 할 때 경청해 주고 응원해주는 모습을 보였다면 그 친구들의 결과는 달라졌을 것이다. 오히려 그런 자세에서 그 사람의 됨됨이가 보였을 것이기 때문이다.

승무원 영어 면접은 수치화된 능력을 평가하고 점수를 매겨 사람을 뽑는 자리가 아니다. 왜냐하면 승무원은 사람을 대하는 직업이기 때문이다. 따라서 당신이 어떤 대학을 나오고 학점이 몇 점이고 어떤 자격증을 가지고 있는가로 평가할 수 없다. 그렇다고 아무나 뽑는다는 말은 아니다.

회사를 대표할 사람을 뽑는 자리이므로 적당히 자신감을 드러내되 자신의 능력을 겸손하게 표현하는 지원자라면 면접관의 주목을 끌 수 있을 것이다. 자신감과 겸손함, 이 두 가지가 내가 굴지의 두 항공사 면접에서 한 번에 합격할 수 있었던 가장 큰 무기였다.

7

'나'다움에
승부를 걸어라

많은 승무원 준비생들은 면접관에게 더 좋은 모습, 더 나은 모습을 보여 주기 위해 준비 과정에서부터 부단히 노력한다. 이런 노력은 그들의 답변에서도 쉽게 찾아볼 수 있다. 면접관이 좋아할 만한 답변, 옳은 대답을 찾아 끊임없이 고민하고 답변들을 수정해 나간다.

어느 합격생이 '이렇게 대답해서 합격했다'는 소문이 돌면 그 대답을 자신의 대답으로 만들기도 하고, 합격생이 '000 자격증이 있다'고 하면 너도나도 같은 자격증을 따서 자신의 이력서를 채운다. 또한 '무슨 무슨 내용을 적으면 떨어진다'는 말을 들으면 해당 내용을 자신의 답변에서 삭제한다. 심지어 특정 행동을 하면 합격한다(또는 탈락한다)는 낭설에 자신의 행동을 맞추기도 한다.

가장 단적인 예로 '면접 볼 때 미소를 유지해야 한다'는 말이 있다. 맞는 말이다. 기본적으로 승무원은 고객을 상대하는 직업이다. 그러니 미소를 유지하는 것은 기본 중에 기본이다. 하지만 이 말을 무조건 신봉하는 사람들은 자신의 대답이나 옆 지원자의 답변 내용에 상관없이 미소를 짓는다. 상상해보자. 내가 힘들었던 과거에 대해서 이야기하는데 미소를 띤 채 말하는 모습을. 그런 지원자에게서 과연 진정성이라는 것을 느낄 수 있겠는가? 또는 어떤 지원자가 자신의 아픈 가족사를 이야기하는데 옆에 앉은 지원자가 미소를 띤 채 면접관을 바라보고 있다면? 당신이 면접관이라면 이 상황에서 미소를 짓고 있는 지원자가 어떻게 느껴지겠는가?

8년 동안 강의하면서 이런 식의 틀에 박힌 대답 또는 행동들을 많이 접했다. 틀에 박히거나, 잘 가공된 그들의 대답을 듣고 조금 깊이 있게 질문하면 이내 꿀 먹은 벙어리가 되는 것도 쉽게 봤다. 물론, 면접에서 합격한 이들의 경험이나 이야기를 완전히 무시하라는 게 아니다. 그들의 이야기는 좋은 조언에 머물러야 한다는 것이다. 무조건 믿고 따르는 건 바람직하지 않다. 내 것이 아닌 것은 결국 티가 나게 되어 있다.

마네킹은 머리·몸통·팔·수족 등 모든 부분이 가장 이상적인 비율로 만들어져 디스플레이용으로 사용된다. 사람들이 추구하는 가장 이상적인 비율의 몸매를 가진 마네킹을 디스플레이용으로 사용하는 이유는 단 하나이다. 사람들의 구매욕을 자극해야 하기 때문이다. 사람들은 자신이 그 옷을 입어도 마네킹처럼 멋진 모습이 나올 거라 기대한다. 마네킹이 입은 "옷"에 관심을 가질 뿐, 마네킹 자체를 보며 인간미를 느끼거나 아름답다고 생각하진 않는다.

수많은 면접 강의를 하다 보면 대부분 지원자가 본인의 마네킹을 만들어 놓고 그 뒤에 숨어서 이야기하려는 모습을 보인다. 자신이 완벽한 비율로 만든 마네킹이 마치 본인인 것처럼. 자신이 생각하거나 남들이 말하는 가장 이상적인 내용으로 답변을 준비하고, 뭐든 화려하고 극적으로 꾸며서 자신을 대단히 멋진 사람으로 만들어 놓는다. 주변에서 합격했다는 사람들의 말을 듣고 비슷한 스토리를 만들어 오거나 비슷하게 외양을 꾸미기도 한다. 이런 대답들로 일차, 이차 면접을 운 좋게 통과할 수도 있다. 마치 멀리서 마네킹을 보고 사람으로 착각하고 우리가 "와, 멋진데! 몸매 좋은데!"라고 느끼는 것처럼 말이다.

하지만 단계가 올라가고 면접관과 심층 대화로 진행되는 최종 면접에서 본인의 모습이 드러나기 마련이다. 우리가 멀리서 보고 흠모했던 사람이 가까이 다가갈수록 '마네킹이었구나'를 알게 되면 어떤 기분이 들까? 뭐든 기대치가 높으면 상대적으로 실망감도 커진다. 처음 보았던 화려했던 대답이나 행동들로 인해 지원자에 대한 기대치가 10인 상태로 최종 면접을 보았는데, 최종 면접을 통해 드러난 가치가 5라면. 그 지원자에 대한 평가는 5가 아닌 -5가 된다.

하지만 처음에 별 기대 없이 0점(Zero Base)에서 시작한 지원자에게 마지막 대화를 통해서 5라는 결론을 내렸다면, 이 지원자에 대한 평가는 5가 되는 것이다. 즉, 처음부터 너무 과한 기대치를 주는 것보다 진솔한 내 모습으로 승부를 거는 게 현명하다는 것이다. 혹자는 이렇게 이야기할지도 모른다.

"다들 좋은 모습을 보이려고 노력하는데 저만 있는 모습을 그대로 보여 줘서 면접관이 싫어하면 어떻게 하나요?"

첫 번째, 자신의 모습에 도통 자신감이 안 생긴다면 면접을 준비하기 전에 다시 한번 고민을 해 봐야 한다. 세상에 완벽한 사람도 없고, 완벽할 필요도 없지만, 스스로 자신을 어떻게 느끼는지는 중요한 문제다. 자기애가 없는데 남들에게 사랑받길 원하는 건 말이 안 된다. 모든 사람이 나를 싫어해도 나의 주인인 자신은 나를 사랑하고 좋아해야 한다.

두 번째, 날것의 모습을 보이라는 것이 아니다. '나'라는 사람을 잘 포장하되 과장하지 말라는 의미다. 스스로의 마네킹을 만들지 말고 '나'라는 사람이 가진 가능성과 잠재력을 그동안의 경험과 생각을 잘 버무려 보기 좋고 듣기 좋게 포장해서 면접관이 사고 싶게 만들어야 한다는 것이다. 면접 준비는 나의 가능성과 자질, 능력 등을 잘 전달하기 위해서 어떻게 나를 표현할지를 고민하고 준비하는 과정이 되어야지, 내가 아닌 다른 사람을 만들어서 '나'라는 이름표를 다는 과정이 아니라는 뜻이다. 결국 승부수는 '나'라는 사람에게 있다.

승무원을 준비하는 모든 사람이 승무원이 될 자격이 넘친다. 승무원은 특별한 사람이 되는 것이 절대 아니기 때문이다. 그렇다고 아무나 되는 것도 아니다. 면접을 통해서 내가 가진 자질과 가능성을 면접관에게 잘 어필해서 면접에서 합격해야 승무원의 첫걸음을 내딛게 된다. 내가 없는 것을 가지고 있다고 거짓을 말하는 게 아니라, 작은 부분이라고 해도 그걸 통해서 나다움을 강조하고 나의 가능성을 어필하면 된다.

다시 강조하지만, 승무원은 누구나 될 수 있다. 면접에 합격하는 순간 교육을 통해서 회사가 당신을 멋진 승무원으로 만들어 줄 것이기 때문이다. 그렇기에 면접은 완벽한 승무원의 모습을 갖춘 사람을 찾으러 가는 것이 아니라, 지원자의 가능성을 보러 가는 것이다. 사람은 누구나 무한한 가능성이 있다는 것을 잊지 말고 나다움으로 승부를 걸어라!

Chapter 2

나는 왜 매번
영어 면접에서
낙방할까?

1

거짓으로 시작한 자
거짓으로 망한다

면접에 관한 강의를 하다 보면 쉽게 볼 수 있는 모습이 '면접관에게 잘 보이고 싶어 하는 마음'이다. 이런 마음이 드는 것은 자연스러운 현상이다. 하지만 문제는 이런 마음이 심해져서 욕심을 부리기 시작하는 데에서 온다. 면접관에게 잘 보이고자 하는 욕심은 자신의 경력을 과장하거나 없는 경력도 만들어 낸다. 또는 대답을 만들 때 자신을 돋보이게 표현하고자 경험을 부풀리거나 겪은 상황을 본인에게 유리하게 각색한다.

예전에 한 친구와 수업을 진행한 적이 있다. 상담에서 그 친구는 국내 항공사 취업을 준비하면서 면접 공부만 했기에 아르바이트 경험이 전혀 없다고 했다. 하지만 그 뒤 나에게 보내준 이력서에는 액세서리를 판매하는 곳에서 2년 정도 일했다고 기재되어 있었다. 궁금해 하는 나에게 이 친구는 이렇게 말했다.

"전에 선생님께 말씀드린 것처럼 저는 사회 경험은 전혀 없습니다. 하지만 외항사의 경우 최소한 2년 정도 사회 경험이 필요하다고 해서 고모가 운영하는 액세서리 가게에서 일한 걸로 기재했습니다."

이 말을 듣고 나는 물었다.

"그렇지만 이건 거짓말이잖아?"
"하지만 사회 경험이 없으면 서류에서 조차 떨어질 수도 있으니까요."

그 친구는 말끝을 흐렸다. 나는 바로 그 친구에게 그럼 지금이라도 고모네 가게에서 아르바이트를 하라고 조언했다. 면접관은 지원자가 기재한 내용을 기본적으로 신뢰한다. 하지만 실제 일한 경험이 전혀 없는 상태로 면접을 보다 보면 대화를 통해서 이상한 점을 충분히 눈치챌 수 있다. 왜냐하면 경험이 없는 경우 이와 관련된 질문에 대답을 할 때 앞뒤가 안 맞는 것을 쉽게 알 수 있기 때문이다.

Interview example

Q   According to your CV, you have been working in an accessory shop. Is that right?

A   Yes, ma'am. I have been working there for 2 years.

Q   Oh, I see. What is the most difficulty for you while working there?

A   Difficulty? Well··· everything was okay.

Q I understand, but there must be something you feel difficult while working, right?

A …

Q You are telling me that you have never felt any difficulty while working there for 2 years?

A …

Q 네 이력서에 따르면 액세서리 가게에서 일한 경험이 있네요. 맞나요?

A 네, 맞습니다. 2년 동안 거기서 일했습니다.

Q 그렇군요. 거기서 일하는 동안 가장 어려웠던 건 뭐였나요?

A 어려운 점이요? 전 다 괜찮았는데요.

Q 이해해요. 하지만 일하면서 어려웠다고 느낀 점이 있지 않았나요?

A …

Q 거기서 2년 동안 일하면서 어려웠던 점이 단 하나도 없다고 말하는 건 가요?

A …

아주 간단했던 이 질문에 그 친구는 답을 하지 못했다. 실제로 일해본 적이 없으니 어떤 점이 힘들지 가늠할 수 없었던 것이다. 결국 당황을 해서 아무런 대답도 못하는 상태가 되었다. 물론 한 가지 질문으로 면접관이 모든 걸 파악하지는 못한다. 하지만 이 질문 이후에도 일 경험과 관련된 여러 질문에 제대로 된 답을 못한다면 결과는 불 보듯 뻔하다.

이 친구는 시간이 없다는 이유로 고모네 가게에서 일하지 않았다. 그로 인해 일 경험에 관련된 내용의 답변을 하나도 준비할 수 없었다. 까다로운 고객을 만난 적도 좋은 서비스를 한 적도 없었던 이 친구에게 에피소드를 기대할 수도 없었다. 다른 친구들에게 듣거나 혹은 자신의 상상 속에서 만든 답변을 가지고 온 경우 앞뒤 내용이 맞지 않아서 고개를 갸우뚱하기를 여러 번 반복하게 되었다. 바로 이 순간 면접관이 지원자를 바라보던 시선은 변하게 된다. 심하게는 압박 질문을 통해서 지원자가 하는 말이 거짓임을 밝힐 것이다. 오히려 아무런 경험이 없다면 솔직하게 경험이 없다면 없다고 말하는 것이 더 낫다. 여기서 혹자는 이렇게 물어볼 것이다.

"지원 자격 조건에 '2년 이상 서비스 업종 경험'이 있으면 어떡하죠?"

여기서 나는 다시 질문하고 싶다. 지원 자격이 대학교 졸업이라면 아직 졸업하지 않은 상태인데 그럼 그것마저도 거짓으로 기재하겠느냐고. 당연 '아니다'일 것이다. 이유는 간단하다. 대학교 졸업증명서는 개인이 속일 수 없기 때문이다. 반면 지원자 중 일부는 자신의 사회경험을 속일 수 있다고 생각한다. 그래서 너무나 쉽게 자신의 이력서를 고친다. 하지만 일 경험은 대화를 통해서 충분히 파악할 수 있다. 면접을 진행하다 보면 이 친구가 어떻게 일하고 있는지도 가늠할 수 있다. 그런 과정을 통해서 지원자의 가능성을 살펴보는 것이 면접관의 역할이다. 면접을 통해 이미 수백~수천 명의 지원자를 봐 온 면접관이 우리가 생각하는 것처럼 쉽게 속아주지는 않을 것이다. 그럼에도 나는 당당하게 지원은 해보라고 말하고 싶다. 그리고 면접 기회가 주어진다면 솔직하게 말하면 된다. 그 모습에 오히려 면접관이 반할지도 모르기에.

답변을 정리하고 만들 때 당연히 어느 정도 포장을 할 필요는 있다. 정말 날 것 그대로 가져온다면 오히려 면접관이 거부감이 들 수도 있고 내가 말하고자 하는 내용이 의도하지 않은 방향으로 전달될 수 있기 때문이다. 또한 면접관에게 나의 모든 약점을 굳이 들어낼 필요도 없다. 모든 사람은 완벽하지 않다는 것을 면접관도 알고 있기 때문이다. 하지만 거짓말은 절대 안 된다. 왜냐하면 이건 기본 신뢰 문제이기 때문이다. 면접관은 이곳에 '완벽한 사람'을 찾으러 온 것이 아니다. 기본적인 '신뢰'를 바탕으로 '가능성과 잠재력'이 있는 사람을 찾으러 온 것이다.

Interview example

<case 1>

Q Have you had any working experience in service field?

A No, I don't have any working experience yet. Because I wanted to concentrate on my study as a university student.

Q Have you ever tried to work between the semesters or something like that?

A No, I have not. I have been quite busy with my study. Thank you.

Q 서비스 분야에서 일한 경험이 있나요?

A 아니요, 일한 경험은 아직 없습니다. 대학생으로 공부에 전념하고 싶었기 때문입니다.

Q 학기 중간에 일할 생각은 해 본 적 있나요?

A 아니요, 없습니다. 공부하느라 바빴습니다. 감사합니다.

Q Have you had any working experience in service field?

A Unfortunately I don't have working experience in service field yet, since I wanted to concentrate on my studying for a scholarship in university. However through participating in various team projects and group activities in school, I have learned how to work with others in a harmonious way. And I believe various experiences in school will be useful in a professional field. Thanks.

Q 서비스 분야에서 일한 경험이 있나요?

A 안타깝게도 아직 서비스 분야에서 일한 경험은 없습니다. 저는 대학에서 장학금을 위해서 공부에 전념하고 싶었기 때문입니다. 그러나 학교에서 다양한 팀 프로젝트와 동아리 활동 등을 통해서 저는 다른 이들과 조화롭게 일하는 법을 배웠습니다. 그리고 학교에서의 이런 다양한 경험들이 전문 분야에서 일할 때 도움이 될 것이라 믿습니다. 감사합니다.

위의 두 경우처럼 같은 질문에 대한 지원자의 대답에 따라 면접관의 반응과 follow-up 질문은 당연히 달라질 것이다. 〈case 1〉처럼 너무 날것의 느낌을 마구 풍기면 솔직한 대답이라고 해도 받아들이는 사람은 아무 감정도 느끼지 못 한 채 그저 "Okay"라는 반응이 나올 것이다.

하지만 〈case 2〉처럼 지원자가 솔직하게 대답함과 동시에 자신의 다른 경험을 곁들여 자신이 배운 점 또는 성장한 점을 이야기한다면, 면접관은 오히려 이 친구의 솔직함에 더 큰 매력을 느낄 것이다. 동시에 지원자의 진취적인 성향과 가능성을 보게 될 것이다. 솔직하게 자신에 대해서 말하되 앞뒤 다 자르고 단답식으로 대답하는 것이 아니라 자신의 생각과 의견을 같이 전달한다면 솔직함은 큰 무기가 된다. 그러니 거짓을 이야기하면서 스스로 불안해하거나 당황하지 말고 솔직함으로 승부를 걸어라.

2

'과장'은 결국
실패를 불러온다

자신의 경험을 멋지게 표현하고자 하는 것은 답변을 준비하면서 가지고 있는 기본적인 마음일 것이다. 나 역시 강사로서 같은 상황을 더 멋지고 가슴에 와 닿게 표현하기 위해 늘 고민하고 있으니 말이다. 상대방의 마음을 움직이고 가슴에 와 닿게 만드는 표현의 비밀은 바로 '현실감'에 있다.

대답은 현실성을 바탕으로 표현해야 한다. 즉, 실제 있었던 일이나 직접 했던 행동을 바탕으로 대답을 만들어야 한다는 것이다. 그래야 면접관이 지원자의 대답을 듣고 다른 부가적인 질문 없이도 바로 이해할 수 있고, 오히려 지원자의 행동을 쉽게 받아들이고 평가하게 된다. 하지만 더 멋지게 표현하고자 하는 지원자의 마음이 조금씩 커지면서 실제보다 훨씬 일을 부풀려서 표현하거나 없었던 상황을 추가하기도 한다. 바로 이 순간 문제가 시작된다.

규칙을 어긴 적이 있냐는 주제로 강의를 했던 적이 있다. L이라는 친구의 답변을 봐주면서 이상한 생각이 들었다. 가져온 답변에 따르면 이 친구는 가히 슈퍼우먼이었다. 우선 자신이 한 실수는 아무렇지 않게 넘어갔다. 그리고 일한 지 3개월 밖에 안 되었는데 그곳에서 몇 년간 일한 매니저보다 더 많은 권한을 가지고 있었다. 모든 상황을 자신이 진두지휘했고, 매니저에게 일의 해결 방법과 업무를 지시하고 있다는 답변을 가지고 온 것이다. 나이도 어리고 일한 지 3개월 밖에 안 된 친구의 지시를 매니저는 다 따르면서 L에게 끌려다닌다는 이야기였다. 그 친구의 답변을 그대로 가지고 왔으니 한번 들어보자.

Interview example

Q Have you ever broken any rules while working?

A Unfortunately yes I have. When I worked for Korean traditional music hall, there was a procedure that child who is under seven years should be accompanied by parents. In summer, a customer came to the hall with her children and one of children looked under seven years old. Besides, their mom let them watch the performance without her. I should have checked their age whether they can enter the performance hall by themselves or not. I asked them their age. They were 6 years and 5 years old each. It means that they should not be in the performance hall without their mom.

Q 일하면서 규칙을 어긴 적이 있습니까?

A 안타깝게도 있습니다. 제가 한국 전통 음악 공연장에서 일할 때, 7살 미

만의 아이들은 부모를 동반해야 공연을 관람할 수 있는 규칙이 있었습니다. 어느 여름날, 한 손님이 자신의 아이들과 공연장에 왔는데 한 명은 7살 미만처럼 보였습니다. 게다가 아이의 엄마는 아이들끼리만 공연을 관람하게 하였습니다. 저는 아이들끼리 공연을 볼 수 있는 나이인지를 확인했었어야 했습니다. 저는 아이들에게 나이를 물었고, 한 명은 6살 다른 한 명은 5살이었습니다. 그 뜻은 그 아이들은 부모가 동반하지 않으면 공연을 관람할 수 없다는 것입니다.

여기서 볼 수 있듯이 아이들의 나이를 확인하는 것은 지원자의 업무였다. 하지만 너무 평이하게 '그들의 엄마가 없이 그들은 여기 있어서는 안 된다.'라는 식으로 자신이 간과한 업무에 대해서는 제삼자의 입장에서 적은 것을 볼 수 있다. 이야기를 계속 들어보자.

=== Interview example ===

A   I informed their mom explaining our procedure like this. "I am so afraid to inform this. Child who is under seven years old should be accompanied by parents. Also you already agreed with this procedure by clicking check box while you were proceeding in your reservation. I am sorry for that."

At that time she told me that she didn't know that procedure for the age limitation. Then she said that she already made an important meeting for her company, so she can not be in the performance hall with them.

A 　나는 아이들의 엄마에게 말했습니다. "7세 미만의 아이들은 부모 동반 없이는 공연을 관람할 수 없음을 알려드립니다. 또한 손님께서는 예약을 하실 때 이미 저희의 규정 확인란에 동의를 하셨습니다. 죄송합니다."

그러자 그 손님은 나에게 나이 제한에 관한 규정을 알지 못했다고 말했습니다. 그리고는 자신은 이미 회사 업무 관련 중요한 약속이 있기에 아이들과 함께 공연을 관람할 수 없다고 했습니다.

여기서 또 흥미로운 것이, 이 친구는 분명 공연이 진행되는 동안 아이들이 엄마 없이 혼자 있는 것을 눈치챘다고 했다. 그리고 바로 엄마를 찾았다. 그동안 엄마는 어디에 있었던 것일까? 그리고 엄마에게 아이들과 함께 공연을 봐야 한다고 하니 갑자기 중요한 약속이 있어서 아이들을 이곳에 두고 가야 한다고 한다. 뭔가 앞뒤가 맞지 않는다는 것을 쉽게 파악할 수 있다.

중요한 약속이 있다면서 공연이 진행되는 동안 왜 엄마는 공연장 근처에 있었으며, 이 아이들의 엄마를 어떻게 이 친구는 바로 찾게 된 것일까? 또한 아이들과 함께 공연을 보러 들어가야 한다니 중요한 약속이 있어서 안 된다니 쉽게 이해가 되지 않는다.

A   I could understand her situation and I shared this happening to my manager. After a while I suggested to my manager like this. Her name was Song-Yi. "Song-Yi, Can I suggest one thing? I know our procedure. However, today I will be inside of hall with them as a supervisor during the performance, like their guardian. I can take care of them instead of their mom."

I emphasized their mother's urgent situation to manager and we agreed to break the procedure just this time. However this situation happened frequently, because customer didn't read instruction carefully when they made a purchase. Since then, I suggested that this procedure contents and letter should be emphasized with bigger and red color. After this, same problem happened less. Thank you.

A   나는 그녀의 상황을 이해할 수 있었습니다. 그래서 매니저에게 이런 상황을 보고했습니다. 약간의 시간이 흐른 뒤, 나는 매니저에게 이렇게 제안했습니다. 매니저의 이름은 송이였습니다. "송이 매니저님, 제가 한 가지를 제안해도 될까요? 저희 규정은 잘 알고 있습니다. 하지만 오늘만 제가 그 아이들의 보호자인 것처럼 함께 공연장에 있어도 될까요? 제가 그 아이들의 가디언처럼 말이에요. 제가 그 아이들의 엄마 대신 잘 돌볼 수 있습니다."

나는 그 아이들 엄마의 급박한 사정을 다시 한번 강조했고 우리는 이번만 규정을 어기기로 했습니다. 그러나 손님들은 티켓을 구매할 때

규정을 주의 깊게 읽지 않았기에 이런 일들은 번번이 일어났습니다. 그 이후 나는 이 규정의 내용과 글자를 크고 빨간색으로 써서 강조해야 한다고 제안했습니다. 이후 이와 같은 문제는 덜 발생했습니다. 감사합니다.

위의 전반적인 내용을 살펴보면 L은 어린 아이들을 보고도 나이를 확인하지 않고 들여보냈다. 하지만 이 친구는 자신의 실수에는 크게 개의치 않았다. 오히려 매니저에게 아이들의 엄마가 얼마나 급한 상황인지와 그들이 작은 글씨로 인해 규칙을 제대로 숙지 못했다는 이유를 들면서 자신이 그들의 가디언이 되어 아이들 옆에서 지켜보겠다고 제안을 했다. 또한 그 뒤에도 이 엄마와 같은 행동을 하는 경우가 빈번했다고 한다. 그래서 규칙을 적어놓은 글의 크기와 방법을 바꾸기를 매니저에게 제안했다.

L의 대답을 듣고 나는 물었다. 그 매니저가 몇 년째 일하고 있었는지. 5년 정도 일했다고 한다. 5년이라는 경력이 있는 매니저가 고작 3개월 된 직원의 실수에는 아무 말도 없고, 오히려 그 직원의 지시 사항에 맞춰서 모든 걸 따르는 모습을 보고 아이러니 할 수밖에 없었다. 둘 중 하나라는 뜻이었다. 그 매니저가 무지 무능하거나 이 이야기가 과장되었다는 것이다.

거기다 그 공연장은 몇십 년째 성행 중이었고, 규칙을 설명해 놓은 방식이 지금까지 문제가 되지 않았기에 그동안 유지하고 있었던 것이 아닐까라는 생각이 들었다. 그런데 L이라는 친구의 등장과 함께 문제가 생기기 시작했고, 모든 문제의 이유는 바로 이 규칙을 설명해 놓은 방식에 있다니. 나는 그 순간을 놓치지 않았다.

Q   When you noticed that their mother was not with them, how did you find their mother and where?

A   The mother was in the lobby area.

Q   How come you recognised her right away without any difficulty?

A   Well··· I remembered her.

Q   You remembered her, that is good. Then why she was there even though she had very important meeting?

A   She didn't explain about that to me.

Q   Okay, then you are telling me that the manger has been working there for about 5 years and you have been there for 3 months when this happened. And the manager didn't comment anything about your mistake and followed your suggestion just right that? Also, I wonder who covered your position when you were inside with the kids.

A   I mean···

Q   당신이 아이들의 엄마가 아이들과 함께 있지 않은 걸 알았을 때, 어떻게 그리고 어디서 그 아이들의 엄마를 발견했나요?

A   어머니는 로비에 있었습니다.

Q   어떻게 아무런 문제없이 바로 그 아이들의 엄마임을 알았죠?

A   어머니를 기억하고 있었어요.

Q   어머니를 잘 기억하고 있었군요, 좋아요. 그럼 어째서 그렇게 중요한

약속이 있는 사람이 로비에서 서성이고 있었던 거죠?

A   그 이유에 대해서는 손님께서 설명해 주지 않았습니다.

Q   좋아요. 당신은 나에게 매니저가 그곳에서 5년 정도 일하고 있다고 했고, 이 일이 생겼을 때 당신은 3개월 정도 일했다고 했어요. 그리고 매니저가 당신이 실수를 아이들을 들여보냈는데도 그 실수에 대해서는 아무 말도 없고 당신이 제안한 대로 했다는 거죠? 또한 궁금하네요, 당신이 안에서 아이들과 함께 있을 때 누가 당신의 빈자리를 대신 했는지도 말이죠.

A   저는…

L은 더는 대답을 이어 나가지 못했다. 모의 면접이 끝난 뒤 물었다. 이게 실제로 있었던 일이었는지에 대해서 말이다. L은 머뭇거리더니 어머니가 처음부터 중요한 약속이 있어 자신이 아이들과 함께 들어갈 수 없다며 도움을 요청했고, 매니저가 자신보고 가디언의 역할로 들어가라고 했다고 한다. 그리고 사전 예약에 의해 부모 대신 직원이 가디언의 역할을 해주는 규칙이 있다는 것이다. 물론 이 경우 사전 예약은 안 되어 있었지만 매니저의 배려로 가능했다는 말과 함께. 자신의 역할을 돋보이게 하고 싶었던 L의 욕심이 사실을 과장하게 만든 것이다. 하지만 면접관은 지원자가 하는 말을 곧이곧대로 믿지 않는다. 자신이 그동안 직접 또는 간접적으로 경험해 온 것과 자신이 가지고 있는 지식을 토대로 현실적으로 판단한다. 그렇기에 지원자의 이야기를 들으면서 이해 가지 않는 부분들은 질문을 통해서 확인하고 판단한다.

과장된 내용은 면접관이 나에게 가지고 있던 신뢰를 져버리게 만들 수 있다. 물론 이야기를 날것 그대로 보여주는 것보다 적당하게 포장을 할 필요는 있다. 하지만 내용을 과장하라는 의미는 아니다. 이는 흡사 공갈빵을 주면서 안이 꽉 찬 빵이니 먹고 나면 배가 부를 것이라고 하는 것과 다를 바가 없다. 당신이라면 이런 공갈빵을 들고 속이 꽉 찬 빵이라고 우기는 사람을 진정 못 알아보겠는가? 자신이 가진 것이 작은 찐빵이라고 해도 상관없다. 자신이 가진 것을 진정성 있게 보여준다면 면접관은 그 안에서 진가를 찾을 것이다.

3

실수해서 떨어지는 것이 아니라
실수 후 보이는 행동으로 인해 떨어진다

'세상을 살면서 실수를 안 하는 사람이 과연 존재할까?' 이 질문에 대한 대답은 "절대 없다"이다. 사람은 누구나 실수를 한다. 공부하면서 실수로 답변체크를 잘못했던 경험, 일 하다 실수에서 상사한테 혼난 경험, 친구에게 실수해서 살짝 다툰 경험 등. 이렇듯 우리는 살면서 늘 실수라는 녀석과 함께한다. 세상에 완벽이라는 건 존재하지 않기 때문이다. 이처럼 우리는 긴장할 필요가 전혀 없는 친한 친구와 대화를 나누다가도 단어를 잘못 말하거나 발음이 꼬이는 등의 사소한 실수도 한다. 그런 면에서 면접을 보면서 지원자가 실수하는 것은 자연스러운 일일 것이다. 면접을 진행하는 면접관도 실수를 하는데, 하물며 최고조 긴장 상태에서 면접을 보는 지원자에게 완벽함을 기대하는 건 과욕이 아니겠는가?

그렇다고 완벽하지 않으니 노력하지 않아도 되고, 실수를 연발해도 된다는 소리가 아니다. 다만, 자신이 완벽하지 않다는 사실을 인지하고 인정한 뒤에 실수를 하더라도 스스로에게 "괜찮다"라고 말해주라는 것이다. 다수의 면접 강의를 진행하면서 면접 진행 시 실수를 한 뒤 지원자에게서 나타나는 2가지 유형을 관찰할 수 있었다.

첫 번째, 자신의 실수를 인정하지 않으려 하고 방어적인 자세를 보인다. 면접을 평가라고 생각하다 보니 작은 실수는 마이너스 점수를 준다는 생각에 실수를 해도 하지 않은 척하거나, 방어적인 자세로 면접관을 대하면서 자신의 실수를 인정하지 않으려고 한다. 이 방어적인 자세에 대한 이야기는 8장에서 조금 더 자세히 설명한다.

두 번째, 자포자기의 모습이다. 실수를 하고 나서 자신이 실수를 했다는 걸 알고 나쁜 점수를 받을 것이라는 생각에 헛웃음을 짓거나 뭐든 걸 놓아버린 듯한 태도로 일관한다. 때로는 자신의 실수에 스스로 놀라 패닉 상태가 되면서 그 뒤 자신의 실수를 곱씹으며 면접에 제대로 임하지 못한다.

면접 시 내가 준비한 답변을 그대로 잘하고 오면 매우 좋지만 그렇지 못하는 경우가 다반사다. 그 누가 완벽한 면접을 봤다고 자부할 수 있겠는가? 면접을 잘 봤다고 생각하다가도 집에 와서 곱씹으면서 다들 한두 번은 이불킥을 경험한 적이 누구나 있을 것이다. 그렇기에 실수를 한 자신의 모습을 너무 자책하거나 실수를 하고 난 뒤 포기하지 말아야 한다. 면접관은 여기에 완벽한 지원자를 찾기 위해서 온 것이 결코 아니다. 세상에 완벽한 사람이 없기 때문이다. 앞서 이야기했듯 면접관 역시 완벽하지 않고, 그들 역시 면접을 하면서 실수를 했기 때문이다. 나 역시도 면접을 보면서 사소한 여러 가지 실수를 했다. 하지만 두 번의 항공사 면접에 합격해서 잘 다니고 있다.

재미있게도 합격한 사람들의 후기를 보면 뭐든 완벽해 보인다. 그래서 후기들을 읽으면서 합격생처럼 하지 못한 자신을 원망하며 자괴감을 느낀다. 하지만 명심하라! 사람은 보통 자신의 실수를 대놓고 말하지는 않는다. 그 사람이 실수를 하나도 하지 않아서 합격한 것이 아니라 실수를 했음에도 포기하지 않고 좋은 자세와 태도로 마지막까지 최선을 다했기에 합격한 것이다.

강의 중 모의 면접을 진행한 적이 있다. 한 제자와 면접을 진행하는데 그 친구가 답변을 하면서 인상을 찌푸리는 것을 보았다. 그리고 나머지 대답을 하는 내내 한숨을 쉬는 모습을 면접에 임하는 것을 보고 물었다.

Interview example

Q   What are you frowning for? It there any problem?

A   No, I didn't mean to...

Q   인상을 왜 쓰세요? 무슨 문제 있나요?

A   아니요, 그럴 의도는 아니었는데...

그 순간 그 친구가 당황하면서 더는 말을 잇지 못했다. 그래서 나중에 피드백을 주면서 물었다. 왜 인상을 쓰고 한숨을 쉬었는지. 그랬더니 자신이 준비한 대답이 생각나지 않고 그 순간 말하고 있는 대답이 맘에 들지 않다 보니 자신도 모르게 그랬다고 했다.

여기서 중요한 것이 면접관은 '오, 지원자가 지금 자신이 준비한 대로 말을 못해 속상해서 인상을 쓰고 한숨을 쉬는구나!'라고 절대 생각해 주지 않는다. 오히려 '왜 인상을 쓰지? 왜 한숨을 쉬는 걸까?'에서 '아니, 면접이 인상을 쓰고 한숨을 쉴 정도로 우습다는 건가?'라고 생각할 것이다. 나 역시 처음 에미레이트항공 면접을 보았을 때 면접관의 질문을 못 알아듣는 실수를 했다. 처음에 나는 면접관이

"Can you tell me about your experience of providing excellent service (당신이 제공한 훌륭했던 서비스에 대해서 이야기해 주시겠어요)?"

라고 질문 한 줄 알았다. 뒤에 몇 마디를 더 했지만 듣지 못했던 것이다. 그래서 나는 나의 'Excellent service' 경험에 대해서 이야기하기 시작했다. 한 2분 정도 지났을 무렵, 면접관이 가만히 듣다가 내 말을 멈추더니 이렇게 말했다.

"Oh, this is not what I asked you. My question was when you provided the excellent service to the customer by leading your team while working in ○○○ cafe (내가 물어본 건 이게 아니었어요. 내 질문은 당신이 ○○○카페에서 일할 때 팀을 이끌고 고객에게 좋은 서비스를 제공한 적이 있냐는 거였답니다)."

순간 나 역시 당황을 했다. 하지만 나는 이내 "Sorry, I misunderstood."라고 대답했다. 면접관도 "It's okay"라고 말하더니 웃으며 다시 이야기해 줄 것을 부탁했다. 나는 조금 시간을 갖고 나의 다시 내 경험을 이야기했다. 내 대답

이 끝난 뒤, 면접관은 미소와 함께 "Good"이라는 코멘트를 했다.

이렇듯 실수는 누구나 한다. 면접관도 실수를 하는 사람이기에, 그리고 자신도 그런 경험이 분명 있기에 지원자가 실수를 한다고 해도 그 실수로 사람을 평가하지는 않는다. 다만, 같은 실수를 반복하는 경우는 다르다는 점을 숙지하기 바란다.

그런데 실수를 한 지원자가 혼자 당황해서 본인에게 화를 내거나, 인상을 찌푸리거나, 포기하거나, 울상을 짓는다면? 그 모습마저 포용하기란 어렵다. 왜냐하면 그 모습이 나중에 지원자가 일하면서도 보일 태도라고 생각하기 때문이다. 면접관은 지원자가 실수를 했다는 사실 때문에 떨어뜨리지 않는다. 지원자가 한 실수가 아니라 그 뒤 지원자가 면접 중에 보인 부정적인 태도나 자세로 인해 떨어뜨리게 되는 것이다.

자신의 실수를 인정하고 미안하다는 말과 함께 웃으면서 오히려 쿨하고 멋진 태도를 보인다면 면접관은 그 지원자의 대답이 아닌 바로 이 자세와 태도에 매력을 느끼게 될 것이다.

4

답변!
무작정 외우지 말자

영어 면접을 준비하는 대부분의 지원자들은 당연히 예상 질문에 맞춰서 각자의 답변을 미리 준비한다. 이 점은 영어를 잘하는 사람이든, 못하는 사람이든, 경력자든 아니든 상관없이 지원자가 준비해야 하는 기본일 것이다. 하지만 문제는 대부분의 지원자들이 예상 질문에 맞춰 준비한 답변을 무조건 외운다는 것에 있다. 이 말에 많은 사람들이 의아하게 생각할 것이다. 그럼 어떻게 답변을 숙지하겠냐고 반문도 할 것이다.

외우는 것 자체가 나쁘다는 말이 아니다. 물론 어느 정도는 외울 필요가 분명히 있다. 다만 외우기 전 자신이 준비한 영어 답변에 대한 충분한 내용 파악이 선행되어야 한다는 것이다. 무작정 외우다 보면 질문의 형태나 단어가 달라졌을 때 낭패를 보기 십상이다.

예를 들어보자. 자기소개는 영어 면접이든 한국어 면접이든 모든 면접의 기본일 것이다. 그런데 준비한 자기소개서를 무작정 외운다면 질문이 달라져도 같은 대답을 할 수밖에 없다. 그런 경우 면접관 앞에서 횡설수설하다가 면접이 끝날 수도 있다.

Q   Can you tell me about yourself?

A   First of all thank you so much for giving me a great opportunity to introduce myself. My name is ○ ○ ○. I am a very sociable person who loves to interact with people. Also I enjoy learning things from each other's experiences. So this kind of tendency has always motivated me to develop myself while working in hospitality industry. Currently I have been living in Singapore and also been working for the Ritz-carlton Millennia Singapore as a server since last Feb. My time and experiences in Singapore have made me an open mind, interpersonal person by learning culture differences and international manner from my multi-national colleagues. Before joining this company, I worked at diverse independent restaurants in South Korea such as Italian, French fine dining and family restaurants. During those times, I could improve my team work skill working together with others as one team, and also acquired a table manner and etiquette.

Like this, I do really enjoy working in a service field. Thank you.

Q   자기소개를 해주시겠어요?

A   우선 저에게 저를 소개할 수 있는 좋은 기회를 주셔서 너무 감사합니

다. 제 이름은 ○○○입니다. 저는 사람들과 교류하기를 좋아하는 붙임성이 매우 좋은 사람입니다. 또한 저는 각자 다른 사람들의 경험을 통해서 배우는 것을 좋아합니다. 이런 저의 성향은 서비스 산업에서 근무하는 동안 저에게 발전할 수 있는 동기를 주었습니다. 저는 지금 싱가포르에 살고 있고, 지난해 2월부터 서버로 Ritz-carlton Millennia Singapore에서 근무 중입니다. 이곳에서의 저의 시간과 경험은 다국적 동료들에게서 문화 차이와 국제적인 매너를 배우면서 저를 열리고 대인관계에 능숙한 사람으로 만들어 주었습니다. 이곳에서 일하기 전 한국에서는 이탈리안, 프랑스식 고급 레스토랑 그리고 패밀리 레스토랑 같은 다양한 곳에서 일을 했습니다. 그 시간 동안 다른 이들과 한 팀으로 일하면서 저의 팀워크 스킬을 계발할 수 있었고, 식사 예절과 매너를 익힐 수 있었습니다.

이처럼 저는 서비스 업종에서 일하는 것을 아주 좋아합니다. 감사합니다.

자, 어떤가? 구성이 잘된 자기소개이다. 이름, 성격, 일 경험, 해외 경험이 모두 들어가 있고 얼마나 서비스 업종에서 일하는 것을 좋아하는지 어필과 함께 지원자에 대한 간략하면서 전반적인 내용을 파악할 수 있게 구성되었다.

하지만 이 내용을 무작정 외운 경우 질문이 살짝만 달라져도 지원자는 어디서부터 시작하고 어떻게 끊고 마무리해야 할지 몰라 당황하게 된다. 그리고 그냥 자신이 준비한 대로 대답을 한다. 반면 내용에 대한 숙지가 잘 된 경우, 어디서부터 어디까지 이야기할지, 어떤 내용을 더하고 뺄지 스스로 판단이 가능해진다.

Q Can you tell me about yourself related to only work experience?

A First of all, I am very please to introduce myself. Currently I have been working for the Ritz-Carlton Millennia Singapore as a server since last Feb. My experiences in Ritz-Carlton Millennia Singapore have made me an open mind, interpersonal person by learning culture differences and international manner from my multi-national colleagues. Also I could become more service-oriented person while looking after various customers' difficulties and needs. Before joining this company, I worked at diverse independent restaurants in South Korea such as Italian, French fine dining and family restaurants. During those times, I could improve my team work skill working together with others as one team, and also acquired table manner and etiquette. So far, these are my working experience. Thank you.

Q 오직 일 경험과 관련해서 자기소개를 해보시겠어요?

A 우선 저를 소개 할 수 있어 영광입니다. 현재 저는 작년 2월부터 Ritz-Carlton Millennia Singapore에서 서버로 근무하고 있습니다. Ritz-Carlton Millennia Singapore에서의 저의 경험은 다국적 동료들에게서 문화 차이와 국제적인 매너를 배우면서 저를 열리고 대인관계에 능숙한 사람으로 만들어 주었습니다. 또한 저는 다양한 고객의 어려움과 니즈(needs)를 다루면서 서비스 지향적인 사람이 되었습니다. 이곳에서 일하기 전 한국에서는 이탈리안, 프랑스식 고급 레스토랑 그리고 패밀리 레스토랑 같은 다양한 곳에서 일을 했습니다. 그 시간 동안 다른 이들과 한 팀으로 일하면서 저의 팀워크 스킬을 계발할 수 있었고, 식사

예절과 매너를 익힐 수 있었습니다. 지금까지 저의 일 경험에 대한 이야기였습니다. 감사합니다.

차이점이 보이는가? 같은 대답이라도 질문에 따라 내용과 대답의 길이 등이 달라져야 한다. 하지만 보통 대답을 외우기만 한 친구들은 이렇게 자신의 대답을 유연하게 바꾸지 못하는 경향을 보인다. 따라서 대답을 만들고 그 내용을 곱씹어 보면서 이해하고 숙지하는 것이 필요하다. 그래야 다양한 질문에 맞는 대답을 할 수 있기 때문이다. 여기서 이 질문에 대한 자신의 답변을 한번 체크 해 보기 바란다.

Interview Question

- What experience do you have that would be useful for this position?
  이 포지션에 유용하게 쓰일 수 있는 경험이 있습니까?

- How do you think you can contribute yourself to our company?
  우리 회사에 당신은 어떻게 기여할 수 있다고 생각합니까?

- Why do you think you are qualified for this position?
  왜 당신은 당신이 이 포지션에 자질이 있다고 보십니까?

혹시 이 질문에 대한 당신의 대답이 다 똑같지는 않은가? 그렇다면 다시 한 번 질문의 의도를 파악해서 대답을 다시 점검해야 할 것이다.

5

좋은 내용을 전부 끌어다 쓰는 식의
답변으로 누더기를 만들지 마라

"면접관은 이곳에 동료를 찾으러 왔다."

나는 이 말을 셀 수 없이 많이 이야기해왔다. 말 그대로 면접관은 친구를 찾으러 이곳에 온 것도 아니고, 내가 좋아하는 이상형을 찾으러 온 것도 아니다. 순수하게 같이 일할 동료를 찾으러 온 것이다.

하지만 많은 준비생들이 이런 기본적인 사항을 염두에 두지 않고 그저 잘 보이고 싶어 한다. 그러다 보니 온갖 좋은 내용은 다 갖다 붙이는 큰 실수를 저지른다. 좋은 내용을 다 가져다 쓰는 게 큰 실수인 이유는 바로 면접관은 지원자가 한 말을 곧이곧대로 받아들이지 않기 때문이다. 생각을 해 봐라. 모든 사람이 자신이 최고라고 하는데 그렇게 주장하는 모든 사람의 말을 밑도 끝도 없이 그냥 받아들인다면? 과연 면접을 보는 이유가 있겠는가?

그렇기에 면접관은 지원자의 대답을 듣고 follow-up 질문을 지원자에게 다시 하는 것이다. 하지만 내실 없이 그저 좋은 표현들로 가득 채웠던 지원자는 그 질문들이 압박처럼 느껴지고 결국 스스로 대답을 포기하거나 의도를 제대로 파악하지 못하고 횡설수설하면서 면접을 마무리하게 된다.

수업을 진행하다가 한 친구의 이력서에 내 시선이 멈췄다. 이력서의 자격증을 기재하는 곳에 CPR 자격증이 있다고 써놓은 것이다. 당연 나는 그 부분에 관심이 쏠렸다. 승무원이 되면 CPR 교육을 받는다. 비행기가 이륙하고 기내에서 급작스러운 응급상황이 생겼을 때 귀한 생명을 살리는 것만큼 중요한 것이 없기에 그런 상황에 최대한 잘 대처하기 위해서 모든 승무원들이 기본적으로 받는 교육이다. 간호사 등 의학과 관련된 업무를 해 본 적이 없었던 친구가 CPR 자격증이 있다니 얼마나 놀라운가. 그래서 물었다.

Interview example

Q   Wow, you have a CPR certificate?

A   (자랑스러운 표정으로) Yes, I have.

Q   How come you have this certificate even though your previous experiences or jobs are not related to medical work at all?

A   As a person who wants to be a cabin crew, I thought it would be great if I trained for CPR since it is necessary in case of medical situation on board.

Q   Wow, you have already had that kind of thought, how amazing! So, can you tell me how this training was?

A   It was very interesting. And I could learn so many things from this training.

Q   Okay, what have you learned?

A   (살짝 당황하며) Well, I have learned how to save people's life by doing CPR, and the importance of CPR.

Q   Right, so are you confident to perform the CPR in case of emergent situation?

A   (매우 자신감 있게) Of course I am.

Q   와, CPR(심폐소생술) 자격증이 있네요?

A   (자랑스러운 표정으로) 네, 있습니다.

Q   예전 경험이나 전에 하던 일이 의료 분야와 상관이 없는데 어떻게 CPR 자격증을 취득하게 된 거죠?

A   승무원이 되고 싶은 사람으로서 심폐소생술이 기내에서 응급상황의 경우 필요하다고 생각해서 미리 교육을 받는 것이 좋을 것 같다고 생각했습니다.

Q   와, 그런 생각을 미리 한 거예요? 대단한데요! 교육은 어땠는지 말해줄 수 있나요?

A   흥미로웠습니다. 그리고 많은 것들을 배울 수 있었습니다.

Q   무엇을 배웠나요?

A   (살짝 당황하며) 심폐소생술로 어떻게 사람의 생명을 살리는지와 심폐소생술의 중요성에 대해서 배웠습니다.

Q   그렇군요. 그럼 응급상황에서 심폐소생술을 하는 데 자신이 있습니까?

A   (매우 자신감 있게) 물론입니다.

여기서 나는 궁금해졌다. 얼마나 오랫동안, 얼마나 자주 CPR 교육을 받았 길래 저렇게 자신 있어 하는지. 저렇게 자신 있어 하는 걸 보니 '분명 오랫동 안 꾸준히 배웠겠지'라는 생각으로 물었다.

=== Interview example ===

Q How long and often have you trained for?

A I have trained for 2 hours.

Q 2 hours? When was it?

A One and half years ago.

Q You have not trained any more since then?

A No, I have not.

Q So you have trained only one time for 2 hours in your whole life?

A   Yes, Ma'am.

Q Have you done CPR before in person?

A No, I have not.

Q Then you are telling me that you are confident to perform the CPR to save someone's life?

A Yes…(말끝을 흐리며)

Q You know that you are talking about somebody's life?

Q 얼마나 오래 그리고 자주 교육을 받고 있나요?

A 2시간 동안 교육을 받았습니다.

Q 2시간이요? 언제였죠?

A 1년 6개월 전이었습니다.

Q   그 이후에 교육을 받은 적이 없는 건가요?

A   네, 없습니다.

Q   지금까지 단 한번 2시간 동안 교육을 받은 것이 전부라는 건가요?

A   네, 그렇습니다.

Q   직접 심폐소생술을 한 적이 있나요?

A   아니요.

Q   그런데 지금 나한테 다른 사람의 생명을 살리기 위해서 심폐소생술을 하는 것에 자신이 있다고 말하는 건가요?

A   네… (말끝을 흐리며)

Q   지금 다른 사람의 생명에 대해서 이야기하고 있다는 걸 알고 있지요?

이 말을 끝으로 나는 더 이상 질문을 할 수 없었다. 그리고 그 순간 뭐가 뭔지 몰라 당황하는 제자를 보고 많은 생각이 들었다. 나는 10년 넘게 매년 회사에서 CPR 교육을 받고 있다. 하지만 자신감 넘치게 잘할 수 있다고 감히 대답을 하지는 못할 것이다. CPR을 할 수 있는 자신감이나 기술이 없기 때문이 아니라 사람의 목숨을 걸린 문제이기에 함부로 자랑하듯이 말할 수 없기 때문이다. 그래서 교육을 받을 시에 진지하게 임하고 비행 전에 다시 한번 매뉴얼을 살펴본다. 만약 발생할지 모르는 일에 대비해서다.

실제 CPR을 해 본 적이 있는 사무장이나 부사무장의 이야기를 들어보면 급박한 상황이 닥치면 자신 있어서 하는 게 아니라 사람의 목숨을 살려야 한다는 마음으로, 그간 배운 모든 기술을 모두 쏟아붓는다는 자세로 임하는 것이다. 또한 그렇게 사람을 살렸다 해도 "난 자신 있다."라고 말하지 않는다. 그 상황이 얼마나 힘든지 겪어 봤기 때문이다.

생명과 관련된 일에 '자신 있다'고 표현하면 안 된다. 특히 누군가에게 '자랑'하기 위해 이를 활용해서는 안 된다. 사람의 목숨이 걸린 문제를 이야기하면서 단 두 시간의 교육으로 '난 CPR에 자신 있고 사람의 목숨을 살릴 수 있다'고 이야기하는 그 친구를 보면서 복잡한 마음이 들었다.

승무원 준비생들은 다른 준비생들과 정보를 교환하고 얻는다. 그 정보들을 바탕으로 대답을 정리하고 만든다. "이런 자격증이 있으면 좋대, 이런 내용을 넣으면 면접관이 좋아한대"라는 말을 들으면 너도나도 자격증을 취득하고 비슷한 내용을 답변에 넣는다. 하지만 지나치게 화려하게 포장된 답변은 티가 난다. 포장하는 입장에선 어떨지 모르겠지만, 그걸 보는 면접관의 입장에선 거추장스러울 수 있다는 것을 유념해야 한다.

면접관은 수많은 지원자들 안에서 나와 함께 일한 동료를 찾기 위해서 지원자들을 살핀다. 그런데 내가 얼마나 잘나고 대단한지 끊임없이 말하는 사람과 함께 일할 마음이 생기겠는가? 2시간의 CPR 교육을 받고 사람의 생명을 구하는 데 자신 있다고 하는 지원자에게 과연 진실함을 느낄 수 있겠는가? "과유불급"의 의미를 잘 살펴 대답을 만들 때 과함이 아닌 진솔하고 담백한 멋을 넣기를 바란다.

6

완벽해야 한다는
강박관념에서 벗어나라

면접에서 멋지고 완벽하게 보이고 싶은 것은 모든 지원자들의 바람일 것이다. 그런 간절함을 가지고 답변을 만들다 보면 자신을 더 완벽한 사람으로 꾸민다. 조금이라도 부족한 부분을 보이면 면접에서 마이너스가 될 것이라는 불안감에 사로잡혀 강박관념이 생기기도 한다. 하지만 문제는 완벽함이 지나쳐 히어로 영화의 주인공처럼 자신을 포장한다는 것이다. 영화 속의 아이언맨이나 슈퍼우먼이 현실에도 과연 존재할까? 우리가 사는 현실에서는 그런 사람은 없다는 점에 주목해야 한다.

무척 멋진 제자가 있다. 훤칠한 키에 잘생긴 외모는 사람들의 주목을 끌었다. 하지만 강의를 진행하면서 이 친구가 너무 완벽한 모습을 보이려고 한다는 것을 알 수 있었다. 대답 속의 이 친구는 완벽 그 자체일 뿐만 아니라, 현실에서도 완벽함을 추구했다. 하지만 그런 성향 때문에 실제 면접에서는 오히려 그 친구에 대한 흥미가 사라지곤 했다. 그 이유가 무엇일까? 그 대답

은 바로 '완벽함'이라는 단어에서 쉽게 찾을 수 있었다. 아래 예를 한번 살펴
보자.

=| Interview example |==

Q What do you do now?

A I am currently working as an English teacher who teaches middle and
   high school students in an English academy. While working there,
   I have found no problem teaching them because I always try to put
   myself into their shoes. I mean I know how stressful they feel when
   they hear that "study hard" from their parents or teachers. And it
   doesn't work. So I am trying my best not to make them feel stressed as
   much as I can. I'm trying to make them motivated with realistic stories
   of mine. I believe understanding is important and it helps me to be
   more approachable to young people.

Q 지금 무엇을 하고 있나요?

A 저는 현재 영어학원에서 중학생과 고등학생을 가르치는 영어 선생으
   로 일을 하고 있습니다. 거기서 일하면서 저는 항상 그들의 입장이 되
   려고 노력하다 보니 아이들을 가르치면서 어떤 문제도 없었습니다. 제
   말은 학생들이 부모나 선생에게서 "공부 열심히 해"라는 소리를 들으
   면 얼마나 스트레스를 받고 있는지 알고 있습니다. 그리고 그런 방법은
   통하지 않습니다. 그래서 저는 그들이 스트레스를 받지 않게 하려고 제
   가 할 수 있는 최선을 다합니다. 저는 그들이 저의 현실적인 이야기를
   통해 동기부여 받을 수 있도록 노력하고 있습니다. 저는 이해심이 가장

중요하다고 믿고 있으며 이해심이 제가 젊은 친구들에게 더 잘 다가갈 수 있도록 도와줍니다.

여기서 보면 첫 번째로 이 친구는 학생들을 가르치는 데에 어떤 문제가 없다고 했다. 나 역시 학생을 가르치는 입장으로 늘 여러 문제와 마주하는데 전혀 문제가 없다니. 의구심이 생겼다. 또한 선생이 아니라도 어떤 일을 하는 데 전혀 어려운 점이나 문제가 없다는 것은 말이 안 된다. 자신이 문제를 겪지 않는 이유가 "늘 상대방의 입장이 되어 생각하려고 하기에"는 참 멋지다. 이 친구의 배려심과 이해심을 살펴볼 수 있었다. 하지만 이런 성향이 있기에 전혀 문제가 없다는 건 여전히 말이 되지 않았다. 이런 경우 면접관은 정말 확인해 보고 싶어진다. 정말 지금까지 아무런 문제가 없었는지 말이다. 그리고 이런 질문을 할 것이다.

Interview example

Q   So, are you telling me that you have never had any problem with your students or etc?

A   No, I have never had any problem so far.

Q   How long have you been working as a teacher?

A   Almost 5 years.

Q   So, you mean that you have no complaint or any issue with anybody for 5 years, right?

A	Yes, ma'am.
Q	How come?
A	Because I always put myself into their shoes to understand them.
Q	You just said that you tried to understand them by considering their situation. It means that you had some issue, that was why you had to make an effort to understand them. Am I right?
A	…

Q	지금 당신은 학생들이나 그 외에 무엇과도 어떤 문제도 없었다고 말하는 건가요?
A	네, 지금까지 아무런 문제도 없었습니다.
Q	선생으로 얼마나 일을 했나요?
A	거의 5년 정도입니다.
Q	5년 동안 그 누구와도 어떤 불평도 어떤 이슈도 없었다는 말인 거죠, 그렇죠?
A	네, 그렇습니다.
Q	어떻게 그게 가능하죠?
A	왜냐하면 저는 늘 저 자신을 그들의 입장에 놓고 생각하기 때문입니다.
Q	당신은 방금 그들의 상황을 고려해서 상대를 이해하려고 노력한다고 말했어요. 그 말은 약간의 이슈가 있었기에 그들을 이해하려고 노력하는 거 아닌가요? 제 말이 맞나요?
A	…

이 친구의 대답에 실제로 내가 했던 질문이다. 처음에는 자신 있게 대답하던 그 친구는 이내 표정이 어두워지면서 더는 대답하지 않았다. 그리고 물

었다. 면접관이 그렇게 물어본 질문의 의도를 모르겠다고. 정말 아무 문제가 없었다면 그 친구가 굳이 학생들을 이해하기 위해서 노력할 필요도, 그 사람의 입장이 되어보려고 할 필요도 없었을 것이다. 하지만 자신과 다른 생각을 하거나 다른 입장이었기에 그 사람의 입장이 되어 생각하려고 노력했던 것이다. 즉, 무슨 사건이 있었다는 것이다. 이렇듯 이 친구의 대답 안에서 이미 오류가 있었던 것이다.

완벽한 선생의 모습을 보이고자 했던 이 친구는 '문제'라는 단어에 예민했다. 그리고 '전혀 문제 없음 = 완벽함'이라고 생각했던 것이다.
만약 이 대답을 이렇게 했다면 어떻게 들리겠는가?

Interview example

A   I am currently working as an English teacher for the middle and high school students in an English academy. While working there, I have found how important having understanding and open-mind are since I have to take care of various students who have different backgrounds and abilities. So, I always try to put myself into their shoes in order to have better understanding."

A   저는 현재 영어학원에서 중학생과 고등학생을 가르치는 영어 선생으로 일하고 있습니다. 거기서 일하면서 저는 다른 배경과 능력이 있는 다양한 학생들을 책임져야 했기에 이해심과 열린 마음을 가지는 것이 얼마나 중요한지 알았습니다. 그래서 저는 항상 더 깊은 이해심을 위해

서 그들이 입장이 되어 생각하려고 노력하고 있습니다.

결론적으로는 같은 이야기를 하고 있다. 선생으로서 아이들을 이해하기 위해 열린 마음으로 그들의 입장이 되어 생각하려고 한다는 것이다. 하지만 "I have no problem"이라는 문장, 즉 "완벽"이라는 뉘앙스를 빼면 대답의 느낌이 훨씬 달라진다. '뭐지? 지금까지 선생으로서 아무 문제도 없었다는 건가? 그게 가능한가?'에 대한 의구심에서 '아, 이 친구가 다양한 학생들을 상대하면서 이해심과 열린 마음의 중요성을 깨닫게 되었구나.'로 바뀌게 될 것이다.

이 친구뿐만 아니라 완벽함을 추구하는 친구들의 대답을 들어보면, 이상하게도 말 속에 오류가 있다. 그럴 수밖에 없는 게, 사람은 완벽하지 않기에 뭐든 완벽한 모습으로 살아오고 일도 완벽하게 처리할 수 없기 때문이다. 완벽함을 버리고 부족했던 부분을 인정하면 대답 속에 인간미와 현실성이 가미된다. 그럴 때 그 대답은 면접관에게 공감을 얻게 될 것이다.

7

말이 길어지면 변명처럼 들리거나 지루하게 들린다

면접 강의를 하다 보면 다양한 답변을 듣고 다양한 피드백도 해 주게 된다. 그 과정에서 알게 된 사실은 대부분의 준비생들은 단답식의 대답 아니면 장황한 대답을 가지고 온다는 것이다. 단답식을 가져오는 대부분의 지원자들은 영어에 자신이 없는 경우다. 반대로 영어를 곧잘 구사하는 지원자들은 장황한 대답을 가져오는 경우가 많다. 재미있는 사실은 처음에는 영어를 못해서 단답식으로 대답하던 친구들도 실력이 조금 향상되면 말이 길어지는 것을 볼 수 있다.

그 이유는 면접에서 잘 보이고자 하는 마음 때문일 것이다. 충분히 이해가 되고, 누구나 공감할 수 있을 것이다. 하지만 이런 마음이 지나쳐 말이 쓸데 없이 길어진다면 오히려 마이너스가 될 수도 있다. 물론 에피소드를 예시로 이야기해야 하는 경우 대답은 길어질 수밖에 없다. 이런 경우는 면접관도 충분히 마음의 여유를 가지고 이야기를 듣는다. 여기서 중요한 건, 질문의 의도에 맞게 이야기를 잘 묘사하는 것이다. 에피소드를 이야기해야 하는 경우일지라도 포인트 없이 장황하게 이야기를 끌고 나간다면 면접관은 쉽게 지루해지거나, 지원자의 이야기들이 변명같이 들릴 것이다.

승무원 지망생들에게 가장 중요한 질문이자 가장 힘들어 하는 질문 중 하나인 "Why do you want to be a flight attendant?"라는 질문을 P에게 한 적이 있다. 그 친구의 대답을 들어보자.

Interview example

Q   Why do you want to be a flight attendant?

(수정 전)

A   Well, actually I really enjoy my current job. and I have learned many things from my work. However I want to challenge new thing and want to open the another chapter of my life. And also my friend motivated me a lot about this job. when I stayed in Australia, I met a really nice friend who is french. We were really close to each other so we got together every weekend. Whenever we met, we shared everything such as our dream, our goal, vision and etc. then we realised that we both had a common goal, that was, 'Let's traveling throughout the world.' After that I went back to Korea. and also my friend went back to france. But we kept in touch on the internet ever since, at least one or twice a month. Then one day, she sent me a message saying that

'I'm going to Korea.' so we met together in Korea. She said to me that "I became a cabin crew, Like what we talked about before, now I am travelling throughout the world as a cabin crew. Visiting so many different countries, looking after very different customers from different cultures and working with multinational coworkers are so fun, and it's so cool! I love it!" She shared about her experiences. and it motivated me a lot that moment. then she said to me, "Hey Jin! if I can do, you can do it! and I'm sure that because I know you. You have amazing personalities. And I am sure that you will love it! you will enjoy working as a cabin crew." That moment this cabin crew job captured my mind. So after that I did google about this job. As my friend mentioned, it was an amazing and fantastic job! First of all, they can travel throughout the world. Also this job requires very strong responsibility and professionalism since they have to take care of the customers in the high sky. As person who always wants to develop myself, it was really attractive. So I thought 'Why not? What an amazing experience it could be!' This is why I want to be a cabin crew. Thank you.

Q   당신은 왜 승무원이 되고 싶은가요?

(수정 전)

A   사실 저는 제 직업을 좋아하고 직업을 통해서 많은 것들을 배웠습니다. 그러나 저는 새로운 것에 도전하고 싶고 제 인생의 새로운 챕터를 열고 싶습니다. 또한 제 친구가 이 직업에 대해서 저에게 많은 동기를 부여했습니다. 제가 호주에 있었을 때 프랑스에서 온 정말 멋진 친구를

만났습니다. 우리는 아주 친했고 주말마다 만났습니다. 우리는 만날 때마다 우리의 꿈, 목표, 비전 등과 같은 모든 것을 함께 나눴습니다. 그런 뒤 우리는 '세계를 여행하자'라는 공통의 목표가 있다는 것을 알게 되었습니다.

그 뒤 저는 한국으로 돌아왔고 제 친구 또한 프랑스로 돌아갔습니다. 그러나 우리는 그 이후로도 줄곧 인터넷상에서 최소 한 달에 한두 번 정도 연락을 주고받았습니다. 그리고 어느 날, 그녀는 저에게 "나 한국 간다."라고 메시지를 보냈습니다. 그래서 우리는 한국에서 만났습니다. 그녀는 나에게 "나 승무원 됐어. 우리가 전에 이야기했던 것처럼 나는 지금 승무원으로서 세계를 여행하면서 지내. 너무 많은 다른 나라들을 방문하고 다른 문화에서 온 다른 손님들을 돌보고 다양한 국적의 동료들과 일하는 건 너무 재미있고 멋져! 나 너무 좋아!"라고 말했습니다. 그리고는 그녀의 경험을 이야기해 주었습니다. 그 순간 그 이야기들이 나에게 많은 동기가 되었습니다. 그리고 그녀가 말했습니다. "Jin! 내가 할 수 있다면 너도 할 수 있어! 그리고 나는 너를 알기에 확신해! 너는 너무 좋은 성격을 가지고 있어. 그리고 나는 네가 이 직업을 좋아할 것이라 확신해! 너는 승무원으로서 일하는 것을 즐길 거야." 그 순간 승무원이라는 직업이 나를 사로잡았습니다. 그래서 나는 이 직업에 대해서 조사해 보았습니다. 내 친구가 이야기 한 그대로였습니다. 너무 멋있고 환상적인 직업이었습니다. 우선 그들은 전 세계를 두루 돌아다닙니다. 또한 이 직업은 하늘에서 고객을 돌봐야 하므로 강한 책임감과 전문성을 필요로 합니다. 늘 발전하려고 노력하는 사람으로서, 이 직업은 정말 매력적이었습니다. 그래서 '나는 왜 안 되겠어? 얼마나 멋진 경험이 되겠어!'라고 생각했습니다. 이것이 제가 승무원이 되고 싶은 이유입니다. 감사합니다.

언뜻 보면 참 멋진 이야기 같다. 하지만 내용을 가만히 들어보면 불필요한 이야기가 많다. 생각해 보자. 면접관이 과연 지원자와 지원자의 프랑스 친구가 얼마나 자주 연락하고 지내는지 궁금하겠는가? 또한 그 친구와 정확하게 무슨 대화를 나누었는지, 그 프랑스 친구가 얼마나 자기 직업을 좋아하는지 듣고 싶을까를 생각해야 한다. 또한 이런 식의 대답은 자칫 친구에 대한 자랑이나 지원자의 한탄으로 들릴 수도 있다. 하지만 많은 친구들이 조금이라도 더 이야기하고 싶은 마음에 쓸데없는 살을 붙여서 대답을 만드는 경향이 있다. 이는 내용을 이해하는 데 방해만 될 뿐이다. 지루하게 들리거나 변명처럼 들려 이야기에 집중할 수 없게 되기 때문이다.

한국말도 그렇지 않은가? 말이 쓸데없이 길어지면 요점이 흐려진다. 이야기는 점점 산으로 가고, 처음에는 관심 있게 듣던 이야기도 나중에는 지루해져서 듣고 싶지 않게 된다. 즉, 답변은 질문의 의도에 맞춰 간결하게 하되, 핵심 내용은 잘 전달해야 한다. 여기서 말하는 '간결'은 무조건 짧게 2~3줄로 끝내라는 것이 아님을 유념하자. 수정된 답변을 한번 살펴보자.

Interview example

(수정 후)

A   My dream was travelling throughout the world, enjoying my life, and becoming a professional woman at the same time. And I had a friend who I met in Australia. We often talked about those our dreams and goals, and promised to live our life like the way of being more spontaneous and challenging every single day. After that I went back to Korea and lived my normal life. Then one day my friend called me and said that "I'm going to Korea." Of course we met straightaway. She told me that she became a flight attendant, and how amazingly she is living her life like the way that we talked about. And also she mentioned how much she has been grown up by challenging and having new experiences. While talking with her I realised that this is exactly what I have wanted, and my all of dreams and desires rushed back into me. That moment I decided to become a flight attendant. Because this job fulfills my dreams and desires, also I want to enjoy my life challenging and experiencing various things for my better future. This is the reason why I want to be a flight attendant. Thank you.

(수정 후)

A 저의 꿈은 세계를 여행하고, 제 인생을 즐기고, 동시에 전문성을 갖춘 여성이 되는 것이었습니다. 그리고 저는 호주에서 만난 친구가 한 명 있었습니다. 우리는 우리의 꿈과 목표들에 대해 자주 이야기했고 하루 하루를 도전적이고 자연스럽게 인생을 살자고 약속했습니다. 그 뒤 저는 한국으로 돌아와 제 일상을 살았습니다. 그런데 어느 날 제 친구가 전화를 하더니 "나 한국 간다."라고 말했습니다. 물론 우리는 바로 만났습니다. 그녀는 자신은 승무원이 되었다면서, 우리가 전에 이야기 한 것처럼 얼마나 놀라운 삶을 살고 있는지에 대해 이야기해 주었습니다. 그리고 또 그녀는 새로운 경험을 하고 도전하면서 그녀가 얼마나 성장 했는지도 말했습니다. 그녀와 이야기를 하면서 저는 이것이 바로 내가 원하던 삶이라는 것을 깨달았고, 나의 모든 꿈과 바람들이 저에게 다시 돌아왔습니다. 그 순간 저는 승무원이 되겠다고 결심했습니다. 왜냐하

면 이 직업은 제 꿈과 바람을 충족시켰고, 더 나은 삶을 위해서 다양한 것들을 경험하고 도전하면서 인생을 즐기고 싶었기 때문입니다. 이것이 제가 승무원이 되고자 하는 이유입니다. 감사합니다.

어떻게 느껴지는가? 지원자의 생각이나 느낌에 집중하니 대답이 훨씬 간결해지고 의지 또한 잘 드러나는 것 같지 않은가? 대답은 길지도 짧지도 않은 게 좋다. 본인이 주장하는 바를 명확하고 간결하게 전달하는 것이 가장 이상적이다. 그래야 면접관이 듣고 지원자의 생각을 충분히 이해하고 받아들일 수 있기 때문이다.

<u>8</u>

방어적인 자세를 버리지 못하면
결국 낭패를 보게 된다

면접관은 되도록 좋은 분위기로 면접을 이끌려고 노력하지만, 종종 거침없
는 질문을 하며 지원자를 압박할 때도 있다. 지원자의 대답을 이해할 수 없
거나, 심하게는 면접관의 의견과 상충할 때 다소 공격적인 질문이 들어올
것이다. 이때가 정말 중요한 순간이다. 왜냐하면 그 지원자가 보여 주는 태
도에 따라서 면접관의 마음이 달라질 것이기 때문이다.

면접관은 지원자에 대한 부정적인 생각이나 감정을 가지고 면접에 임하지
않는다. 다만 면접을 진행하면서 의견이 다르거나 이해하지 못 할 때, 본인
스스로 이해하기 위해서 여러 가지 질문을 하거나 표정으로 의아함을 나타
내기도 한다. 이럴 때 대부분의 지원자들은 당황하기 시작하며 본능적으로
방어적인 자세를 보인다.

얼마 전, 오프라인 강의를 하면서 그룹 토론 면접을 진행한 적이 있다. 주제

는 에미레이트항공에서 주로 다루었던 '항공사의 시스템 오류로 예약을 한 3그룹 중 한 그룹에만 티켓을 줄 수 있다. 당신은 누구를 선택할 것이며 그 이유는 무엇인가?'였다. 주제를 제시한 후 서로 이야기를 주고받는 승무원 준비생들의 모습을 지켜보고 있었다. 그때 한 친구는 세 커플 중 졸업식에 가야 하는 커플을 선택했다. 이유는 지원자 본인의 지극히 개인적인 이유였다. 그리고 그 친구는 자신의 커플을 선택해 주기를 다른 지원자의 감정에 호소했다. 결국 다른 조원들은 그 친구의 말에 따라 졸업식에 참여해야 하는 커플을 선택했다. 그룹 토론이 끝난 뒤 나는 면접관으로서 그 친구에게 질문했다.

Interview example

Q   Can you explain me again about the reason why you want to choose the graduates?

A   Because when I could not attend my graduation day with personal reason, I was very sad. And even now it is still my sad memory and hurts me a lot.

Q   Do you think insisting your opinion with your personal feeling is fair for others at this moment?

A   (격양된 목소리로) How I felt that moment was really sad and I don't want them to feel like me.

Q   Okay, I understand. But what I am asking you is whether insisting your own opinion with your personal feeling is fair for others or not.

A   (더 격양된 목소리로) Yes, it is fair. Okay, now?

Q 당신이 졸업생들을 선택한 이유를 다시 한번 설명해 주시겠어요?

A 개인적인 이유로 제가 졸업식에 참석하지 못 했을 때, 저는 매우 슬펐기 때문입니다. 그리고 지금까지도 저에게는 슬픈 기억이고 가슴이 많이 아픕니다.

Q 당신은 자신의 개인적인 감정을 가지고 지금 자신의 의견을 다른 이들에게 강요하는 것이 공평하다고 생각하나요?

A (격양된 목소리로) 그때 저는 굉장히 슬펐습니다. 그리고 그들이 저처럼 느끼는 것을 원하지 않습니다.

Q 이해는 합니다. 하지만 제 질문은 개인적인 감정으로 자신의 의견을 다른 사람에게 강요하는 것이 공평한지 아닌지에 관한 것이었습니다.

A (더 격양된 목소리로) 네, 공평합니다. 됐어요?

모의 면접을 마치고 이 친구는 자신이 보인 행동에 오히려 더 크게 놀랐다. 그럴 의도가 아니었다고 미안하다는 말과 함께 혼란스러워 했다. 자신이 왜 그런 반응을 보였는지 이해할 수 없었기 때문이다. 긴장한 상태에서 면접을 보던 순간에 다른 사람들 앞에서 면접관에게 자신의 의견이 공격당했다고 생각하자 자신도 모르게 나온 행동이었다. 면접관의 의도를 파악하지 못하고 그저 '공격당했다'는 생각에 휩싸여 방어를 넘어 공격성을 띤 것이다. 자, 여기서 이 친구가 개인적인 이유를 가지고 온 것은 아무런 문제가 되지 않는다. 자신의 의견을 피력할 때 지극히 개인적인 이유를 가져오는 것은 어찌 보면 당연하기 때문이다. 하지만 면접관이 집중한 부분은 다른 사람에게 자신의 개인적인 이유를 넘어 감정을 가지고 와서 자신의 의견에 동조해달라고 했던 부분이다. "그때 내가 얼마나 슬펐는지 몰라. 나는 그들이 똑같은

슬픔을 느끼게 하고 싶지 않아. 그러니 우리 이 커플을 뽑자"라고 말하며 자신의 주장을 다른 사람에게 강요한 부분이 불공평하게 들렸기 때문이다. 하지만 이 친구는 단순히 다른 지원자들 앞에서 자신의 의견이 면접관에게 공격당했다고 생각하고 민망함과 긴장감에 방어적인 자세를 보인 것이다.

이런 식의 질문을 받으면 대부분의 지원자들은 방어적인 자세를 보인다. 자신의 의견이나 생각, 답변을 면접관이 부정하고 있다고 생각하기 때문이다. 그래서 자신의 답이 맞아야 면접에서 성공할 수 있다는 생각에 방어적인 자세를 취하며 자신의 주장만을 반복한다. 하지만 지원자들은 이럴 때 더 침착해질 필요가 있다. 그리고 설사 면접관에게서 태클이 들어왔다고 해도 이성의 끈을 놓지 말고 침착하게 무엇을 물어보는지 집중해야 한다. 그리고 자신이 했던 대답이라고 할지라도 고칠 부분이 발견되거나 실수가 나타난 부분이라면 "미처 그 부분은 생각하지 못 했습니다."라고 인정하면 된다.

면접관은 지원자가 정답을 말해 주기를 바라지 않는다. 다만 이 친구의 태도와 자세를 통해서 앞으로 어떤 동료가 될지 판단하고자 하는 것이다. 합격의 당락을 쥐고 있는 면접관이 자신의 의견을 부정했다는 이유로 격앙되고 방어적인 모습을 보인다면? 과연 이 친구가 동료로부터 피드백을 받거나 조언을 듣는 상황이 발생한다면 어떤 모습을 보일지 생각하게 될 것이다.

무조건 면접관의 의견에 맞추라는 것이 아니다. 면접관이 자신의 말을 잘못 이해하거나 의견이 다르다면 차분하게 자신의 의견을 말하며 설득하면 된다. 면접관은 지원자가 하는 말을 듣고 이해하면서 지원자에 대해 알아가려고 온 것이기 때문이다. 그렇다면 위의 상황에서 지원자가 이렇게 말했다면 어땠을까?

Q   Can you explain me again about the reason why you want to choose
    the graduates?

A   Because when I was not able to attend my graduation day with personal
    reason, I felt really sad. And even now it is still kind of my sad memory
    and hurts me a bit whenever I saw other people's graduation ceremony
    or pictures.

Q   I see. However, do you think insisting your opinion with your personal
    feeling is fair for others at this moment?

A   Well, if they decided to choose the graduates because I insisted them
    with my personal sorrow so if it made them feel sorry for me, then
    I think it is not fair for them. I didn't mean that, I was really sad
    that moment so I think I put my personal feeling too much on that
    graduates. I feel sorry for how I persuaded my team member. Thanks
    to you I could see and think how I did from a different perspective.
    Appreciate it.

Q   당신이 졸업생들을 선택한 이유를 다시 한번 설명해 주시겠어요?

A   왜냐하면 제가 개인적인 사정으로 졸업식에 참석하지 못했을 때, 굉장
    히 슬펐기 때문입니다. 지금까지도 이건 저에게 슬픈 기억이고 다른 이
    들의 졸업식이나 졸업사진 등을 볼 때면 마음이 저립니다.

Q   당신은 자신의 개인적인 감정을 가지고 지금 자신의 의견을 다른 이들

에게 강요하는 것이 공평하다고 생각하나요?

A 만약 다른 멤버들이 졸업생을 선택한 것이 제가 저의 개인적인 슬픔을 강요해서 혹시 제가 그들에게 미안한 마음을 들게 만들어 결정한 것이라면, 공평하다고 생각하지 않습니다. 전 그럴 의도는 아니었습니다. 제가 그때 너무 슬펐었기에 그래서 제가 졸업생들에게 너무 감정을 이입했던 것 같습니다. 제가 팀원들에게 그런 식으로 설득해서 미안하네요. 면접관님 덕분에 제가 한 행동을 다른 관점에서 보고 생각할 수 있었습니다. 감사합니다.

이처럼 지원자가 면접관의 말을 듣고 생각을 한 뒤, 진중한 태도로 '자신이 너무 감정적이었고, 그 감정을 다른 사람에게 강요'한 점을 인정하고 오히려 면접관에게 다른 면을 보게 해 줘서 고맙다고 말한다면, 면접관은 그 지원자에게 어떤 생각과 느낌을 가지게 될지 생각해 보자. 자신과 다른 면접관의 관점을 듣고 이해하고 포용하려는 자세에서 지원자의 성향을 파악할 수 있을 것이다. 또한 면접관의 평가도 달라질 것이다.

면접은 나를 보호하는 것이 아닌 나를 보여 주는 시간이다. 사람은 누구나 의견이 다를 수 있고, 생각이 다를 수 있다. 그런 순간에 방어적인 모습이 아닌 다른 이의 의견도 포용하는 모습을 보인다면 그 모습을 통해서 면접관은 지원자에게 오히려 좋은 느낌을 가질 것이다.

Chapter 3

당신만 몰랐던
영어 면접의
비밀

1

면접관은 당신의 영어점수를
평가하러 온 것이 아니다

"면접이 뭐라고 생각하니?"

나는 종종 제자들에게 이런 질문을 한다. 간단한 질문인데도 쉽게 답하는 친구들을 보지 못했다. 그만큼 면접이라는 단어가 이 친구들에게는 압박이자 스트레스라는 것을 알 수 있었다. 많은 승무원 준비생들이 영어 면접을 '영어 실력 테스트'로 생각한다. 그러다 보니 답변의 흐름이나 표현력보다 어휘나 문법 등에 더 많은 신경을 쓰는 것을 쉽게 볼 수 있다.

오래 전에 가르치던 친구가 있었다. 영어를 꽤 잘하는 친구였다. 그 친구 역시 자신의 영어 실력이 뛰어나다는 것을 알고 있었고, 나름의 자부심도 있었다. 강의를 하면서 그 친구의 답변을 살펴보면 한숨 아닌 한숨이 절로 나왔다. 마치 아나운서처럼 말하고, 뉴스에서나 나올 법한 표현들이 가득했다. 궁금했던 나는 이렇게 물었다.

"C야, 혹시 영어 공부할 때, 영어 뉴스를 보면서 하니?"

"네, 저는 보통 명사들의 스피치나 아나운서를 보면서 그들의 표현을 익히면서 공부하고 있어요."

역시 내 느낌이 정확했다. 그 친구 답변을 들어보면 너무 공식적인 느낌이 들어 딱딱하기까지 했으니 말이다. 면접은 아나운서가 시청자들에게 정보를 전달하듯이 나의 정보를 면접관에게 전달하는 자리가 아니다. 면접관이 지원자의 단순 정보들만을 원했다면, 그 먼 곳을 날아와서 지원자와 대화하고 있지 않을 것이다. 오히려 메일을 통해 답변을 듣는 게 훨씬 쉬울 것이다.

Interview example

Q   What is your own service tip to make your customer happy?

A   Creating customer's satisfaction is essential in service industry, because it is related to the company's reputation. My own strategy to make my customer feel happy is to provide my customer a sincere service and a priority.

Q   What do you mean of providing a priority?

A   My point is that if I make my customers feel like they are always my priority with my attention, then they will feel satisfaction from my hospitality. That is what I am aiming for.

Q   고객을 행복하게 만드는 당신만의 서비스 팁은 무엇인가요?

A   서비스 업종에서 고객 만족을 창출해내는 것은 아주 중요합니다. 왜냐

하면 이것은 회사의 명성과도 연결되기 때문입니다. 고객을 행복하게 만드는 저만의 서비스 전략은 고객에게 진정성 있는 서비스와 우선순위를 제공하는 것입니다.

Q 우선순위를 제공한다는 것이 무슨 말입니까?

A 제 요점은 만약 제가 고객에게 그들이 항상 나의 우선순위임을 저의 관심과 함께 느끼게 해 준다면 그들은 저의 환대에 만족감을 느낄 것입니다. 그것이 제가 목표로 하는 것입니다.

이 대화 내용이 잘못 되었다는 게 아니다. 지원자의 서비스에 관한 생각을 또박또박 잘 풀어놨다고 해도 될 것이다. 다만 조금 더 대화체로 표현했다면 면접관이 친근감 있게 받아들였을 거라는 의미다. 하지만 위의 표현은 지원자의 의도를 이해할 수는 있지만 공감을 끌어내기에는 다소 전문가처럼 이야기하려는 느낌이 든다. 같은 내용을 다음과 같이 표현했다고 해 보자.

Interview example

Q What is your own service tip to make your customer happy?

A My own service tip is attention. I mean if I can provide what they need and want even before being asked with my attention I am sure that they will feel great and something different, like "Wow, she really cares about us." Then they will appreciate and enjoy our service. Maybe it sounds simple, but with this simple method I could always create my customers' happiness and satisfaction. Thank you.

Q   고객을 행복하게 만드는 당신만의 서비스 팁은 무엇인가요?

A   저만의 서비스 팁은 관심입니다. 제 말은 제가 그들에게 집중해서 그들
      이 필요로 하고 원하는 것을 요청하기 전에 제공한다면, 그들은 분명
      "와! 우리에게 관심이 있어"처럼 기분이 뭔가 다르고 좋을 것입니다.
      그리고 그들은 감사해 하며 우리의 서비스를 즐길 것입니다. 단순하게
      들릴 수도 있지만 이 간단한 방법으로 저는 항상 고객 행복과 만족을
      창출해 낼 수 있었습니다. 감사합니다.

위의 두 답변을 보면 주장하는 바인 '고객에게 집중하기'는 같다. 하지만 이
를 표현하는 방법이 다르다는 것을 쉽게 알 수 있다. 이 두 가지 표현 방법
중에서 어떤 것이 더 이해하기 쉽고 편하게 와 닿는가? 이해하기 쉽고 나에
게 편하게 와 닿는 표현이 바로 공감을 끌어내는 답변의 기본 단계이다.

이 두 가지 다른 표현을 보고 영어 실력만을 평가한다면 전문적인 느낌이
훨씬 강한 첫 번째 답이 더 이상적일 것이다. 하지만 면접은 영어 실력을 평
가하는 자리가 아닌 지원자의 평소 모습을 보고 어떤 사람인지를 가늠하는
자리다. 때문에 모든 사람이 이해하기 쉬운 단어와 표현을 선택하는 것이
상대의 공감을 끌어내는 데 적합하다. 그리고 일부러 고급 어휘나 표현들을
사용해서 새로운 컨셉을 가져오는 경우, 그에 관련된 Follow-up 질문이 따
라올 확률이 크므로 낭패를 당할 수도 있다. 물론, 영어 실력이 뛰어나다면
자연스럽고 자유롭게 면접관과 이야기를 나눌 수 있으므로 본인의 생각과

경험들을 잘 전달한다면 좋은 결과를 얻을 수 있다. 그러니 영어 공부는 꾸준히 해야 한다. 다만 면접은 자신의 영어 실력을 뽐내는 자리가 아니라 소통하는 자리라는 것을 명심하라는 것이다.

상대방과 내가 쉽게 이해하고 받아들일 수 있는 표현으로 소통한다면 당신의 영어 실력을 떠나서 면접에서 당당하게 성공할 수 있을 것이다.

2

기대치를 높인 만큼
실망도 커진다

강의를 하다 보면 많은 친구들이 자신의 경험을 높이 평가해서 말하거나 화려한 표현으로 포장한 것을 쉽게 볼 수 있다. 물론 면접관에게 잘 보이고 싶은 마음을 모르는 바가 아니다. 하지만 그들이 간과하는 점이 있는데, 답변을 화려하게 포장할수록 면접관이 더 자세히 알고자 한다는 것이다.

앞에서 잠깐 언급했듯이 내가 가지고 있는 게 5라고 하자. 여기서 A는 멋지게 만든 대답으로 면접관의 기대치를 10으로 끌어올렸다. 그 뒤 면접관과의 깊은 대화를 통해서 A가 가지고 있던 것이 5라는 것을 알게 되었을 때 면접관이 느끼는 것은 -5에 대한 실망감이다. 반면 처음부터 B는 기대치를 0으로 하고 갔다. 그리고 면접관과의 대화를 통해서 B가 가진 5를 보여 줬을 때 면접관은 B에게 +5를 보게 된다. 즉, 결과는 똑같이 5를 가지고 있음에도 A는 -5가 되고 B는 +5가 되는 것이다. 면접은 절대평가이기 때문이다. 면접관의 지원자에 대한 평가 기준은 결국 지원자가 심어주는 것이다. 얼마 전에 제자에게 이런 질문을 했다.

Q   What do you like to do when you have a spare time?
A   I like to watch the youtube channel. Because through the video clip, I can learn art things.
Q   What art things are you talking about?
A   I can learn how to do make-up to make my look much pretty.
Q   Ah..you meant the art thing was how to do the make-up. I see.

Q   여가 시간에 무엇을 하는 걸 좋아하십니까?
A   저는 유튜브 채널 보는 걸 좋아합니다. 왜냐하면 비디오 클립을 통해서 저는 예술 관련된 것을 배울 수 있기 때문입니다.
Q   무슨 예술을 말하는 건가요?
A   더 예뻐 보이기 위해서 어떻게 메이크업을 하는지를 배울 수 있습니다.
Q   아, 예술 관련된 것이 메이크업을 말하는 거였군요. 알았습니다.

지원자의 대답에서 관심이 가는 단어는 'Art thing'일 것이다. 그리고 동시에 면접관 머릿속에 들어오는 이미지는 Art(예술)와 관련된 내용일 것이다. 나역시 속으로 이런 생각을 했다.

'Wow, Art thing? How amazing! She learns the things related to art through the youtube. That must be awesome. It could be a drawing or music or certain performance or history of art or etc(와, 예술 관련? 멋진데! 유튜브를 통해서 예술과 관련된 것을 배운다. 굉장히 멋진 것일 거야. 그림 그리기나 음악, 행위 또는 미술 역사 같은 것일 수도 있겠군).'

하지만 예상과 다른 대답을 듣는 순간 나는 적잖이 실망했다. 메이크업을 배운다는 게 시시하다는 이야기가 아니다. 단지, 바로 메이크업을 배운다고 했다면 '시간을 잘 활용해서 뭐든 열심히 배우는 지원자'라는 좋은 이미지를 바로 심어줄 수 있다. 다만, 여기서 면접관이 이미 높은 기대치를 가지고 있었기에 실망감이 생기는 것이다. 만약 지원자가 처음부터 아래와 같이 대답한다면 어떻게 들릴지 생각해 보자.

Interview example

Q   What do you like to do when you have a spare time?

A   Whenever I have a spare time, I like watching the youtube. Through various different youtube channels, I learn and enjoy so many things such as a make-up, movie clips, kind of exercise, or etc. Among them, my favorite channel is the one related to make-up. While watching the make-up channel, I can learn how to make my look much beautiful and also get some information about make-up tools and nice cosmetic products. So I have to say that watching youtube is really good for getting various information while killing my time.

Q   I see. How nice!

Q   여가 시간에 무엇을 하는 걸 좋아하십니까?

A   여가 시간이 생길 때마다 저는 유튜브를 보는 걸 좋아합니다. 다양한
유튜브 채널을 통해서 저는 메이크업, 영화 영상, 운동 관련 등 많은 걸
배우고 즐기고 있습니다. 이 채널들 중, 제가 가장 좋아하는 채널은 메
이크업과 관련된 것입니다. 메이크업 채널을 보면서 저는 저를 어떻게
더 아름답게 꾸밀 수 있는지 그리고 메이크업 도구와 좋은 화장품 정
보도 함께 얻을 수 있습니다. 그래서 제 시간을 보내면서 다양한 좋은
정보를 얻을 수 있는 유튜브를 시청하는 것이라고 말할 수 있습니다.

Q   좋네요!

만약 지원자가 처음부터 메이크업 등을 배우는 것을 좋아한다고 말하면 그
내용 그대로 받아들이게 됨과 동시에 평소에 지원자가 다양한 것을 배우기
를 좋아하는 성향을 알게 될 것이다. 즉, 0에서 시작해 내가 가진 +5를 면접
관이 느끼게 해 줄 수 있다는 말이다. 또한 정형적인 이야기를 시작할 때는
처음부터 "진부한 이야기를 할 것"이라고 예고한 다음 시작하면 기대치도
낮출 수 있고, 면접관에게 좋은 이미지를 심어줄 수도 있다.

"Where is your favourite place?"라는 질문에 많은(특히 한국인) 승무원 준
비생들이 '파리'라고 대답한다. 파리는 로맨틱함을 대표하는 장소다. 왠지
멋져 보이고 답변을 만들 재료가 많기 때문에 대부분 준비생들이 예로 드는
장소인데, 면접관 입장에서는 다를 수도 있다. 면접 강의를 하는 나 역시 무

수히 많이 듣는 장소인데 면접관은 오죽할까?

흔히 거론되는 장소이기 때문에 답변으로 만들면 안 된다는 의미가 아니다. 정말 자신이 가장 좋아하는 장소가 파리라면 당연히 파리라고 답변해야 한다. 다만 바로 "My favourite place is paris."라고 대답하기보다 "Maybe it sounds a bit cliche, but my favourite place is paris."라고 말하는 게 면접관으로 하여금 'Again?'이라는 생각이 드는 것을 방지할 수 있게 된다. 대신 '어쩌면 이미 많은 친구들이 가져올 대답을 가져오겠구나'라는 예상을 하고 듣게 된다. 이렇듯 뻔한 대답을 할 거라면 기대치를 0으로 만들고 시작해야 손해를 덜 보게 된다는 말이다.

이런 식의 답변을 만드는 요령은 다양한 질문에 응용할 수 있다. 면접 시 많이 나오는 질문 중 하나인 "What is your hobby?"를 예로 들어보자. 이 질문에 가장 큰 비율을 차지하는 대답이 무엇인지 짐작이 가는가? 바로 'Swimming'이다. 특히 승무원을 준비하는 지원자들이 너도나도 가져오는 답변이다. 이 답변은 취미뿐만 아니라 승무원 자질에 대한 질문의 답변으로도 많이 나온다.

이 답변 역시 바로 "My hobby is swimming."이라고 대답하는 것보다 기대치를 0으로 만들고 간다면 훨씬 효과적으로 면접관의 관심을 받게 될 것이다. "My hobby is quite simple, that is swimming." 또는 "As many people enjoy, I also enjoy swimming."라고 해 보자. 그럼 정형화된 답변이라도 듣는 사람 입장에선 느낌이 달라질 것이다.

3

단답식 답변은
대화의 단절을 불러온다

L이라는 친구와 수업을 진행한 적이 있다. 자신을 영어 울렁증이 있다고 소
개한 이 친구는 영어에 유독 자신 없어 했다. 간단한 영어 인사말에도 금방
얼굴이 붉어지고 쑥스러워하는 모습을 보였다. 첫 수업 시간이었기에, 아주
간단한 질문들을 했다.

Interview example

Q   How are you. today?

A   I am good.

Q   Have you had a breakfast?

A   Yes.

Q   How was your breakfast?

A   It was good.

Q   Wasn't it too cold today?

A   No, it was not.

Q   오늘 어떠신가요?

A   좋습니다.

Q   아침은 먹었나요?

A   네.

Q   아침 식사는 어땠어요?

A   좋았습니다.

Q   오늘 너무 춥지 않나요?

A   아니요, 그렇게 춥지 않았습니다.

이런 식의 대화를 5분 정도 이어가니 점점 이야기 소재가 바닥나기 시작했다. 대화에 관심도 없어 보이고, 나와 대화할 의지가 하나도 보이지 않았기 때문이다. 이런 단답식의 대답과 긴장은 면접관을 숨 막히게 한다. 자신의 대답이 끝나면 아무런 말도 표정도 없이 그저 가만히 긴장한 상태를 유지하는 것은 바람직하지 않다. 결국 나는 "Okay"라는 말로 L과의 대화를 정리할 수밖에 없었다.

면접은 질의응답 시간도 심문을 받는 시간도 아니다. 대화를 통해 면접관에게 나라는 사람을 충분히 알려야 하는데, 안타깝게도 많은 지원자들이 긴장감 또는 영어에 대한 두려움으로 단답식의 대화를 하고 만다. 대화는 소통이다. 면접관뿐만 아니라 지원자가 대화에 활발히 참여할 때, 면접관도 지원자도 즐거운 대화를 할 수 있다.

대화를 통해 지원자가 회사에 적합한 인물인지 알아보는 자리가 면접이다. 그리고 대부분 면접관은 선입견 없이 면접에 임한다. 좋은 마음으로 이런저런 질문을 하는데 지원자가 시종일관 단답식으로 대응하면 기운이 빠질 수밖에 없다. 결국 대화 단절을 유발하고 지원자에게 있던 관심도 사라지게 만든다. 또한 그런 지원자를 보고 '열정적이다'라고 느끼는 면접관은 없을 것이다.

소개팅을 한다고 가정하자. 상대방이 나의 질문에 "네", "아니오"로만 답한다면, 과연 그 사람에게서 매력을 느낄 수 있을까? 또한 과연 이 사람이 나에게 관심이 있다는 생각이 들까? 99.9%의 사람들이 "아니"라고 생각할 것이다. 그나마 소개팅은 서로가 평가하고 만남을 결정하는 것이지만, 면접은 다르다. 전적으로 결정권은 면접관에게 있다. 그런 면접관에게 나의 열정을 다 드러내도 모자랄 판에 무관심한 표정과 말투로 대답을 한다면 결과는 안 봐도 뻔하다. 여기서 많은 제자들이 이런 변명을 한다.

"저는 열정적인 사람인데, 긴장해서 그런 거예요."
"제가 영어가 짧아서 그렇지, 정말 꼭 이 회사에 합격하고 싶어요."

안타깝게도 면접관은 지원자의 마음을 읽지 못한다. 지원자가 보여 주는 태도와 자세로 평가하고 판단할 뿐이다. 그러니 어떻게 하면 나의 대답을 매력적으로 들리게 할 수 있을지 연구해야 한다. 아래의 질문과 대답을 살펴보자.

Q   What is your hobby?

A   My hobby is swimming, thanks.

Q   당신의 취미는 무엇입니까?

A   저의 취미는 수영입니다. 감사합니다.

많은 친구들이 실제 면접에서 위와 같이 대답하고 입을 닫는다. 생각해 보
자. 정말 면접관이 지원자의 취미가 무엇인지 궁금해서 이런 질문을 했겠는
가? 절대 그렇지 않다. 면접관은 지원자의 취미가 무엇인지 상관하지 않는
다. 다만, 그 취미 생활을 통해 지원자의 평소 일상을 엿보고자 하는 마음일
것이다. 이 대답을 이렇게 바꾼다면 어떨까?

A   My hobby is quite simple, that is swimming. Personally I like the
    water. Being in the water makes me feel so comfortable. This is how I
    started to enjoy swimming, so whenever I have a free time I always go

to a swimming pool. I do really love it. Thank you.

A   저의 취미는 조금 단순합니다. 바로 수영입니다. 개인적으로 저는 물을
    좋아합니다. 저는 물속에 있을 때 기분이 참 편안해집니다. 이게 바로
    제가 수영을 즐기기 시작한 계기입니다. 그래서 저는 시간이 있을 때마
    다 수영장에 갑니다. 수영을 정말 좋아합니다. 감사합니다.

수영을 좋아하게 된 계기와 함께 좋아하는 마음을 조금 더 표현한다면 지원
자의 밝은 에너지와 삶에 대한 열정을 동시에 전달할 수 있을 것이다. 또한
면접관은 그런 지원자의 모습에서 흥미를 느낄 것이다. 다만, 여기서 주의할
점은 너무 장황한 설명은 피해야 한다. 수영을 좋아하는 이유부터 얼마나
자주 하고, 이게 나의 건강을 유지하는 데 어떤 도움이 되는지 또는 승무원
의 자질을 언급하며 답변을 이어간다면 오히려 지루함과 거부감을 유발할
수도 있다. 소개팅 자리에서 '취미가 무엇인지' 물었는데 상대가 자신의 취
미에 관해 일장연설을 한다면 당신이 느끼게 될 감정이 바로 면접관이 가지
게 될 감정이 될 것이다.

나는 이런 대답을 만드는 기술을 "Fishing"이라고 표현한다. 면접관의 관심
을 사로잡기 위해서 내 대답으로 적당한 낚시질을 해야 하는 것이다. 물론
동시에 내 대답으로 인해 뒤에 나올 Follow-up Question(이어지는 질문)에
도 잘 대비해야 한다.

4

함부로
비교하지 마라

지원자들은 모두 면접관 앞에서 빛나 보이고 싶어 한다. 그러다 보니 남들과 나를 비교해서 나의 장점을 말하곤 한다. 여기서 지원자들이 간과하는 부분이 바로 '비교'가 주는 후폭풍이다. P라는 제자와 최종 면접 연습을 하고 있었다. 이력서를 바탕으로 이런 저런 질문을 하다가 인터뷰가 막바지로 향해 갈 즈음, 다음과 같은 질문을 했다.

= Interview example

Q   There are so many applicants, why should I hire you of all people?

A   The reason why you should hire me is because I am better than anybody else. I have very strong passion for this job and I have better experience than other people. Also.···(중략)···

Q　Do you really believe you are better than anybody else here?

A　Yes, I do.

Q　Have you met all of other applicants? Do you well know about them?

A　No, I have not.

Q　Then why do you believe like that?

A　…

Q　많은 지원자들이 있는데 왜 당신을 뽑아야 하나요?

A　저를 뽑아야 하는 이유는 제가 다른 사람보다 낫기 때문입니다. 저는 이 직업에 강한 열정이 있고 다른 사람들에 비해 더 나은 경험을 가지고 있습니다. 또한 …(중략)…

Q　당신은 정말 당신이 여기 있는 다른 사람보다 낫다고 생각합니까?

A　네, 그렇습니다.

Q　다른 지원자들을 만나는 보셨나요? 그들 모두에 대해서 잘 알고 있습니까?

A　아닙니다.

Q　그런데 왜 그렇게 믿고 있는 거죠?

A　…

이 친구는 끝내 마지막 질문에 대답하지 못했다. 물론 자신이 "Yes, I do"라고 대답하는 순간 표정과 목소리에서 자신감도 사라졌다. 자신이 한 대답에 대한 확신이 사라진 것이다. 많은 준비생들이 남과 자신을 비교해 자신의 장점을 드러내고자 한다. 또는 비교를 통해서 자신이 주장하는 바를 더 강하게 피력하려고 한다. 생전 만나본 적도 없는 사람과 자신을 비교해서 단

정 짓는 것은 너무 위험한 발언이다. 면접관 또한 지원자의 말을 곧이곧대로 믿지 않고, 그렇게 생각하는 이유와 근거를 확인하려 할 것이다. 지원자가 정말 뛰어난 능력자라 할지라도 남과 비교하는 발언은 면접장에서 자제하는 게 좋다. 쉽게 단정 짓는 지원자를 신뢰할 면접관은 없기 때문이다.

경쟁에서 이기려면 욕심을 내야 하는 건 당연하다. 이런 압박감에 휩싸여 본인도 모르게(드물게는 의도적으로) 남보다 내가 뛰어나다는 식의 답변을 하는데, 여기서 지원자가 알아야 할 중요한 사실이 있다. 면접관은 면접 진행 시 '지원자만'을 평가한다는 것이다. 그러니 면접자리에선 본인에 대한 이야기만 하면 된다. 위의 질문에 대한 대답을 다음과 같이 한다면 어떻게 들리겠는가?

===== Interview example =====

A   I believe that there are so many competent candidates out there, however the reason why you should hire me is that I have various working experiences in service field which will be very useful for this position. Also I am an excellent team player who always works with other in a harmonious way.…(중략)…

A   저 외에도 많은 능력 있는 지원자들이 있다고 생각합니다. 그러나 저를 뽑아야 하는 이유는 제가 승무원 직업에 도움이 될 서비스 업종에서의 다양한 일 경험이 있기 때문입니다. 또한 저는 항상 다른 이들과 조화롭게 일하는 유능한 팀플레이어(단체 생활을 잘 하는 사람)이기 때문

입니다. …(중략)…

위의 대답처럼 남과의 비교가 아닌 나에게 중점을 둔 대답을 한다면 스스로 자신감이 있는 사람으로 여겨질 것이다. 거기에 다른 이들의 능력에도 인정을 표한다면 겸손까지 갖춘 지원자라는 이미지를 남길 수 있다. 비교하는 대답은 비단 위의 질문에만 포함되지 않는다. 때로는 면접관이 이런 질문도 한다.

Interview example

Q   Why do you apply for our company not a 000 airline?

A   Because your company is much better than 000 airline. Your airline provides better in-flight service including entertainment system, also your airline is much safer than ○○○ airline. …(중략)…

Q   왜 ○○○ 항공사가 아닌 우리 회사에 지원하셨습니까?

A   왜냐하면 귀사가 ○○○ 항공사에 비해 훨씬 낫기 때문입니다. 귀사는 엔터테인먼트를 포함해서 더 나은 기내 서비스를 제공하고 또한 귀사가 ○○○ 항공사보다 더 안전합니다. …(중략)…

재미있는 것은, 이런 질문을 받으면 지원자는 신나게 다른 항공사에 대한 부정적인 이야기를 한다. 또는 무조건 자신이 지원하는 항공사가 타 항공사에 비해 훨씬 낫다는 표현을 한다. 본인이 지원하는 항공사를 더 돋보이게 만들기 위해. 그러면서 속으로는 이렇게 생각할지도 모른다.

"내가 좋은 말만 해 주었으니 면접관도 신나겠지? 좋은 점수를 받을 수 있겠지?"

하지만 현실은 정반대다. 비록 면접관이 타 항공사 출신도 아니고, 전혀 관련이 없더라도 '남 이야기를 쉽게 하는' 지원자를 보면 "다른 곳에 가서도 아무렇지 않게 우리 회사를 폄훼하겠지?"라는 생각을 한다 간혹 면접관들이 대놓고 타 항공사와 비교하는 대답을 유도한다면 'WIN-WIN 작전'을 쓰자. 두 항공사의 좋은 점들을 먼저 말하고 그런데도 왜 자신이 이 항공사를 지원했는지 강조하면 된다.

Interview example

A   I am sure both of airlines have a great aspects. For instance, ○ ○ ○ airline is well-known for an excellent in-flight service and kind cabin crew. However I was quite fascinated by your airline's friendly working environment and strong financial structure. …(중략)…

A   저는 두 항공사 모두 좋은 면들을 가지고 있다고 생각합니다. 예를 들

어, ○○○항공사는 탁월한 기내 서비스와 친절한 승무원으로 정평이나 있습니다. 그러나 저는 귀사의 친근한 근무 환경과 강한 재정적인 규모에 매력을 느꼈습니다. …(중략)…

당신이 면접관이라면 위의 두 가지 답변 중 어떤 답변을 한 지원자에게 신뢰감을 느낄 수 있겠는가? 면접관이 타 항공사와의 비교 질문을 하는 이유는 정말 궁금하기 때문이고, 순수하게 지원자의 마음을 알고자 함이다. 자신이 지원한 곳을 돋보이게 만들기 위해서 다른 하나를 짓밟는 것을 바라는 게 아니다. 그렇기에 오히려 지원자의 대답을 통해서 그 사람의 생각을 가늠하게 되고 어떤 사람인지 보게 된다는 점을 잊지 말아야 할 것이다.

5

나의 사소한 경험이
가장 중요한 콘텐츠가 된다

"선생님, 전 일한 경험도 거의 없고 특별하게 뭘 한 경험이 없어서 뭘
이야기해야 할지 모르겠어요."
"선생님 저는 일하면서 크게 실패했던 경험이 없어서 어떻게 이야기를
풀어나가야 할지 모르겠어요."

강의를 하다 보면 이런 종류의 하소연을 자주 접한다. 질문에 대해 무엇을
이야기해야 할지 재료가 없어서 답을 못 만들었다고 한다. 그런 경험이 없
다는 것이다. 실패한 경험, 피드백 받은 경험, 좋은 서비스를 제공한 경험, 굳
이 하지 않아도 되는 서비스를 한 경험 등. 많은 것들에 대해서 자신 없는 말
투로 자신은 이런 경험이 없다고 한다. 정말 없는 것일까? 나는 아니라고 생
각한다. 20년 이상 살았고, 일을 하거나 학교를 다니면서 적어도 2~4년 이
상의 사회 경험을 했을 텐데, 그 시간 동안 경험한 일이 단 하나도 없다는 것
은 아무것도 하지 않고 집안에서 가만히 있었다는 이야기다. 하지만 그게

가능한 일일까?

대부분 준비생들은 정말 경험이 없는 게 아니라 자신의 경험이 턱없이 부족한 것 같아서 질문에 대한 대답으로 쓰기에 부적합하다고 단정 짓고 있었다. 뭔가 대단하고 멋진 이야기를 해야 할 것 같은데 자신의 경험은 너무 평범하고 별 볼 일 없게 느끼는 것이다. 화려한 이야기를 해야 면접관이 자신의 대답을 좋아할 것이라는 근거 없는 이유로 이런 생각을 하고 있었다.

하지만 생각해 보자. 다른 지원자들도 비슷한 경험을 하며 살아왔을 것이다. 우리가 인생을 살면서 얼마나 거창하고 다른 사람들이 놀랄만한 경험들을 하겠는가? 그런 경험이 없다면 별 볼 일 없는 인생을 살아왔다는 것일까? 평범한 일상도 어떤 관점으로 보느냐에 따라 전혀 다른 의미로 다가올 것이다.

한번은 에미레이트항공 최종 면접에서 탈락의 고배를 마시고 찾아온 친구와 수업을 진행했었다. 자신의 대답이 뭐가 잘못된 것인지 알고 싶다고 했다. 그래서 그 친구가 받은 질문과 대답을 토대로 문제점을 살펴봤다. 이 친구의 가장 큰 문제점은 자신의 경험이 너무 소소하다고 생각하고 대답을 하는 데 있었다. 그러니 면접관이 대답에 만족하지 못 하고 "Is there any other experience?"라는 질문을 계속할 수밖에 없는 것이었다.

Q　Have you gone extra miles for the customers while working?

A　(머뭇거리며) When I was working at the coffee shop, there was a customer whose voice sounds sick. So, I offered hot water with her coffee. Thank you.

Q　Do you have any other experience?

A　(당황하며) …

Q　일하면서 손님을 위해서 특별히 애를 쓴 적이 있습니까?

A　(머뭇거리며) 제가 커피숍에서 일했을 때, 목이 아파 소리를 잘 내지 못하는 손님이 있었습니다. 그래서 저는 그녀의 커피와 함께 따뜻한 물을 드렸습니다. 감사합니다.

Q　다른 경험은 없나요?

A　(당황하며) …

이렇게 대화를 마무리했다고 한다. 나는 그 학생에게 '왜 단답식으로 대답했는지' 물었다. 그랬더니 자신이 따뜻한 물을 준 것이 별거 아니라 말하기 민망했다고 대답했다. 물론 따뜻한 물을 준 한 번의 행동이 고객에게 "Extra service"를 제공했다거나 "Go extra miles" 했다고 보기는 어려울 것이다.

하지만 실제 비행에서도 이런 식의 서비스를 하는 경우가 생긴다. 감기에 걸린 승객에게 레몬과 꿀을 넣은 따뜻한 물을 주는 건 기본이고, 콧물을 닦느라 휴지가 부족해 보이면 말없이 휴지를 갖다 주기도 한다. 물론 이런 행동을 대단하거나 자랑스럽게 여기지 않는다. 그렇다고 이런 경험이 면접에서 말할 수 없을 정도로 사소한 것이라고 여기지도 않는다. 면접은 평소 지원자가 어떤 행동을 하고, 어떤 경험이 있는지를 보고 가능성을 가늠하는 자리이다. 따라서 이런 사소한 콘텐츠가 오히려 가장 이상적인 대답이 될 수 있다. 나는 그 친구에게 나의 경험담을 들려주었다.

Interview example

Q   Have you gone extra miles for the customers while working?

A   It is a bit shy to say that I go for extra miles. However whenever I see the customers who are not well or look sick, I try to pay attention to them in order to see if there is anything that I can do for them. For instance, when I worked at the coffee shop, one customer came and ordered a cup of coffee and then she coughed a bit badly. Also I noticed that she blew her nose a couple of times. So I kindly asked her if it is okay to offer her a hot water with lemon slices inside. She looked a bit surprised and appreciated my gesture with smile. So after I made her coffee, I offered it with the hot water and also I put a couple of tissues for her nose on the tray. When she took her tray, she expressed another surprised look and said "You are so amazing and kind. I do really appreciate your kind mind. Thank you so so much." and gave me the biggest smile. Like this, if I pay a little attention to my customer, I believe I can make them feel cared. This is normally how I do for my customers. Thank you.

Q   일하면서 손님을 위해서 특별히 애를 쓴 적이 있습니까?

A   손님을 위해서 특별하게 애썼다고 하기는 조금 부끄럽습니다. 하지만 저는 손님이 몸이 안 좋거나 아파 보이면 제가 혹시 해 줄 수 있는 것이 있는지 보려고 그들에게 더 집중을 합니다. 예를 들어, 커피숍에서 일했을 때 한 손님이 들어와 커피 한 잔을 주문하시고는 약간 심하게 기침을 했습니다. 또 저는 그 손님께서 여러 번 코를 푸는 것을 보았습니다. 그래서 저는 손님에게 따뜻한 물에 레몬조각을 넣어드려도 될지 물었습니다. 그 손님은 약간 놀라시면서 미소로 감사해 했습니다. 그래서 손님이 주문한 커피를 만든 뒤, 쟁반에 손님을 위해서 약간의 티슈와 따뜻한 물과 함께 커피를 드렸습니다. 손님이 쟁반을 보고 또 다시 놀라움을 표하시면서 "당신은 정말 친절한 분이군요. 정말 감사드립니다."라고 말하면서 아주 밝은 미소를 지으셨습니다. 이처럼 제가 작은 관심을 가지고 손님을 대하면, 제가 그들을 정말 신경 쓰고 있다고 느끼게 될 것입니다. 이런 것이 제가 평소 손님들을 위해서 하는 것입니다. 감사합니다.

나의 이야기를 듣고 K는 "선생님 저도 그랬어요. 그런데 이렇게 표현될 줄 상상도 못했어요."라고 말했다. K가 이런 답변을 만들지 못한 가장 큰 이유는 자신이 가진 콘텐츠가 너무 사소해서 부끄럽다고 생각했기 때문이다. 또한 뭔가 대단한 답변을 해야 면접관이 만족할 거라는 근거 없는 추측 때문이었다.

자신의 사소한 경험을 소중하게 여겨라. 지원자가 겪은 소소한 경험이 면접관이 가장 궁금해 하고 알고 싶어 하는 것이다. 면접관은 드라마 같은 삶을 살아온 지원자의 이야기를 들으며 감탄하려고 면접장에 온 것이 아니다. 지원자가 평소에 했던 행동들을 잘 묘사한다면, 면접관들은 이 지원자가 평소 어떤 서비스를 하는지, 서비스 철학은 무엇인지 등을 판단할 수 있다.

6

능동적으로
면접에 임하라

많은 승무원 준비생들이 영어 면접이라는 순간을 학수고대하며 많은 시간과 노력을 투자한다. 그런데 정작 면접의 순간에 꿀 먹은 벙어리가 되어 버린다. 또는 준비한 질문에 대한 대답만 충실히 하고 나온다. 억울하지 않은가? 영어 면접을 잘 치르기 위해서 그렇게 많은 시간을 보내고 밤을 지새우며 노력했는데 말이다.

최종 면접 준비가 한창이었던 제자 P가 있었다. 그 친구와 이력서를 바탕으로 한 최종 면접 수업을 진행하면서 나는 얼마나 많은 친구들이 면접에 수동적으로 임하는지 다시 한번 느꼈다. 그런 모습은 인사를 시작하는 순간부터 나타난다.

Q   Good morning! How are you, today?

A   Good morning, Ma'am. I am very good.

                    ··· silence ···

Q   Okay then, now I am going to ask a couple of questions related to your CV.

A   Sure.

Q   좋은 아침이네요. 오늘 기분은 어떠세요?

A   좋은 아침입니다. 아주 좋아요.

                    ··· 침묵 ···

Q   아, 네. 이제 이력서와 관련된 몇 가지 질문들을 할 것입니다.

A   네.

위의 대화 내용을 본 당신은 이렇게 생각할지도 모른다.

"나다!···. 근데 이게 뭐가 잘못 됐다는 거지?"

물론 위의 대답이 '잘못'되지는 않았다. 다만 자연스럽지 않고 주어진 질문에만 충실히 대답하고 있다는 것이다. 여기서 주목해야 할 점이, 그저 '충실하게 대답'한다는 것이다. 면접은 질의응답 시간이 아니다. 하지만 많은 준비생들이 그저 주어진 대답에만 형식에 맞춰 충실하게 대답을 한다.

Q   Good morning! How are you, today?

A   Morning! I am excellent. How about you?

Q   Oh, I am also very good, thanks.

A   (좋은 에너지로) Wonderful!

Q   You have a lot of good energy.

A   Of course, ma'am. because I am finally here with you today. I have been waiting for this moment so long, so I am extremely happy and full of energy.

Q   좋은 아침이네요. 오늘 기분은 어떠세요?

A   좋은 아침입니다! 전 아주 좋아요. 면접관님은 어떠세요?

Q   오, 저도 아주 좋답니다. 고마워요.

A   (좋은 에너지로) 아주 좋네요!

Q   에너지가 넘쳐흐르네요.

A   당연하죠, 드디어 면접관님과 이렇게 함께 할 수 있으니깐요. 저는 이 순간을 학수고대하고 있었거든요. 그래서 저는 너무 행복하고 에너지가 넘쳐흐른답니다.

위의 대답과 비교했을 때 느낌이 어떤가? 면접관의 질문에 단순히 대답만 하는 것이 아니라 지원자 역시 질문을 하며 대화를 이어간다면 면접관은 많은 지원자들 속에서 단연코 이 지원자에게 신선하고 친근한 느낌을 가질 것이다. 동시에 면접관에게 '에너지가 좋은 사람'이라는 좋은 첫인상을 심어주

게 된다.

나는 이런 태도를 능동성이라고 부른다. 이처럼 지원자가 면접에 능동적으로 임하면 면접에 활기가 더해져 면접관 역시 즐거운 마음으로 면접을 진행하게 된다. 면접 결과에도 좋은 영향을 미칠 것이다. 이런 적극적인 모습은 면접 시 지원자가 실수를 할 경우에 오히려 긍정적인 효과를 가져올 수 있다. 대부분 지원자들은 면접 중 실수를 하면 실수를 무마하는 데 급급하다. 자신의 실수를 인정하지 않고, 실수가 아닌 것처럼 말하고 행동한다.

한번은 영어 선생으로 일하는 제자와 수업을 한 적이 있다. 한국에서 승무원을 준비하는 많은 지원자가 영어 선생이라는 직업을 가지고 있고, 그 친구 또한 영어 선생이었기 때문에 나는 다음과 같은 질문을 했다.

"Why do you think there are so many English teachers who want to be a flight attendant in Korea(왜 한국에는 승무원이 되려는 영어 선생님이 많을까요)?

하지만 그 친구는 질문을 잘못 이해하고 영어 선생인 자신이 왜 승무원이 되려고 하는지에 대한 대답을 하고 있었다. 나는 그 친구의 대답을 듣다가 '질문을 잘못 이해한 것 같다'고 이야기해 주었다.

Q I am sorry for interruption, but I think you misunderstood what I asked.

A (무표정으로) …

Q I wanted to know the reason why so many English teachers in Korean want to become a flight attendant.

A Okay, the reason why I think so many English teachers want to be a flight attendant is that …(중략)…

Q 방해해서 미안합니다. 그러나 제가 질문한 걸 잘못 이해한 것 같네요.

A (무표정으로)…

Q 저는 왜 한국의 많은 영어 선생들이 승무원이 되고 싶어 하는지에 대한 이유를 알고 싶었던 거랍니다.

A 네, 제가 생각하는 많은 영어 선생들이 승무원이 되고 싶어 하는 이유는 …(중략)…

자신의 실수를 지적 당했다는 생각에 그 친구는 경직되었고 로봇처럼 대답을 하고 면접을 마무리했다. 그 친구의 당황과 경직은 질문을 한 당사자인 나까지 불편하게 만들었다. 자신의 실수 때문에 당황해서 그런 것이든 지적을 당한 것에 실제로 화가 났든 상관없다. 어떤 이유든 면접관을 불편하게 만든다면 그건 정말 큰 실수다.

면접관은 모국어로 영어를 사용하지 않는 다양한 국적의 동료들과 공용어인 영어를 사용하며 일하고 있다. 따라서 영어로 의사소통을 할 때 종종 오해가 생길 수 있다는 것을 충분히 알고 있다. 각자 살아온 배경이 다르기 때문일 수도 있고, 발음과 억양 또는 이해력이 다르기에 생길 수 있는 오해인 것이다. 면접관은 이런 오해를 바로잡고 지원자를 위해 다시 설명하려는 것이지, 지원자의 실수를 조롱하려는 의도가 아니다. 하지만 많은 지원자들은 면접관에게 실수를 지적 당하는 순간 마이너스 점수를 받을 것이라는 생각에 위축되거나 더 수동적이 되기도 한다. 심하게는 방어적이 되거나 드물게는 공격성을 띠는 경우도 있다.

내가 처음 에미레이트항공 면접을 보았을 때, 나는 면접관의 질문을 잘못 이해하고 의도와 다른 대답을 한 적이 있다. 원래 질문은 "Have you ever made your customer satisfied by leading your team?"이었다. 하지만 나는 긴장한 나머지 "Have you ever made your customer satisfied?"까지만 듣고 나의 서비스 경험을 한참 이야기하고 있었다. 그랬더니 면접관이 나의 대답을 멈추고 다시 질문을 말해 주었다. 그 순간 나는 나의 실수를 바로 인정하고 오히려 고맙다는 말을 전했다. 나에게 기회를 주겠다는 의미라고 생각했기 때문이다.

=| Interview example |=

A   Oh, I am so sorry. I misunderstood and thank you so much for your kind explanation. (웃으며)

Q	(미소를 지으며) Not a problem.
A	If you don't mind, can I have a moment to think about it?
Q	Of course, go ahead. whenever you are ready, let me know.
A	Thank you for your kindness.

A	오, 죄송해요. 제가 잘못 이해했었군요. 그리고 친절하게 설명해 주셔서 감사합니다. (웃으며)
Q	(미소를 지으며) 괜찮아요.
A	실례가 되지 않는다면, 생각할 시간을 가져도 될까요?
Q	물론이죠, 준비가 되면 저에게 알려주세요.
A	친절함에 감사드립니다.

이처럼 나의 적극적이고 긍정적인 자세가 면접관에게 좋은 이미지를 준 것이라고 믿는다. 왜냐하면 실수도 능동적으로 받아들이고 그 실수를 적극적인 태도로 대처하는 사람에게서 미래지향적인 모습을 엿볼 수 있기 때문이다.

처음엔 수동적인 자세로 면접에 임했던(영어 선생이었던) 친구도 끊임없는 노력을 통해 결국 모 항공사의 승무원이 되었다. 이처럼 능동적인 자세로 마음을 열고 면접에서 적극적인 모습을 보인다면 분명 면접관의 마음을 사로잡게 될 것이다.

7

답변의 내용이 아닌
면접관에게 집중하라

면접에서 좋은 평가를 받아 합격하는 것은 모든 지원자들의 궁극적인 목표
일 것이다. 그 목표를 위해서 지원자들은 많은 시간을 들이고 끊임없이 노
력한다. 하지만 실제 면접에서 제대로 된 실력을 발휘하지 못하는 지원자들
을 보면서 안타까움을 느낀 적이 한두 번이 아니다.

앞에서 수없이 강조했듯이 면접은 '대화'다. '일방소통'이 아닌 둘이서 함께
하는 '쌍방소통'이다. 그런데 대부분 지원자들이 일방적인 소통방식으로 면
접에 임하고 있었다. 그 이유는 지원자들이 자신의 답변 자체에만 집중하고
있기 때문이다. 즉, 내가 준비한 답변을 빠짐없이 잘 말하고 있는지, 내 대
답이 훌륭한지, 면접관이 내 대답을 좋아할지 등만 생각하면서 대답하기 때
문이다. 자신이 그토록 만나고 싶어 하던 면접관이 눈앞에 있는데 지원자의
관심은 아이러니하게도 온통 자신의 답변에 집중되는 것이다. 한번은 강의
를 하던 중 한 친구에게 이런 질문을 했다.

Q Can you tell me about your family?

A There are four people in my family. My father, mother, younger sister and me. My father used to work at a electric company for 15 years and retired 5 years ago, now He runs his own business. My father is such a responsible and hard-working man, he always tells me that whatever action I decide to do, I should take full responsibility for my action. (잠시 멈칫하며 생각에 잠김)

Q Wow, I guess your father has been a good role to you.

A (면접관 말에는 아무 반응 없이 하고자 했던 말이 다시 생각난 듯 말을 이어가며) When I recall my childhood, my father has never been sick or taken time off for himself. To me, he is the strongest man in the world …(중략)…

Q 당신의 가족에 대해서 이야기해 주시겠어요?

A 제 가족은 아버지, 어머니, 동생 그리고 저 이렇게 4명입니다. 아버지는 전기회사에서 15년 동안 일하시다가 5년 전에 은퇴하셨습니다. 그리고 지금 사업을 하고 계십니다. 저의 아버지는 책임감이 강하고 일을 열심히 하시는 분입니다. 그는 항상 저에게 제가 어떻게 하기로 결정을 하든 그 행동에 모든 책임을 져야 한다고 말해주셨습니다(잠시 멈칫하며 생각에 잠김).

Q 아버지가 당신에게는 좋은 롤모델이었겠네요.

A (면접관 말에는 아무 반응 없이 하고자 했던 말이 다시 생각난 듯 말을 이어가며) 제 어린 시절을 회상해 보면 저희 아버지는 단 한 번도 아프시거나 자신을 위해서 시간을 냈던 적이 없었습니다. 저에게는 저희 아

버지가 세상에서 제일 강한 사람이었습니다. …(중략)…

이 친구의 실수가 보이는가? 자신이 준비한 답변을 읊어대느라 면접관의 말에 아무런 반응을 보이지 않았다. 지원자의 대답을 듣고 좋은 의도로 말을 건넨 면접관은 아무런 반응을 보이지 않은 지원자를 보며 어떤 생각이 들까? 그다지 유쾌한 기분은 아닐 것이다. 아무리 좋은 내용의 답변을 한다고 해도 이런 센스가 부족하다면 본인이 기대했던 것만큼 좋은 결과를 얻기는 힘들다. 완벽한 대답을 했다고 생각했는데 면접의 결과가 나빴다면, 소통에 문제가 있었던 건 아닌지 되짚어 볼 필요가 있다.

나는 위와 같은 상황을 '휘다'라고 표현한다. 이 제자에게 내가 조언했던 말도 '면접관에게 집중하기'와 '면접관의 말에 맞게 휠 줄 아는 센스'였다. 예를 들어 이런 것이다.

Interview example

Q   Can you tell me about your family?

A   There are four people in my family. My father, mother, younger sister and me. My father used to work at a electric company for 15 years and retired 5 years ago, now He runs his own business. My father is such a responsible and hard-working man, he always tells me that whatever action I decide to do, I should take full responsibility for my action. (잠시 멈칫하며 생각에 잠김)

Q Wow, I guess your father has been a good role to you.

A (생각하다가 면접관의 말에 반응을 하며, 미소와 함께) **Yes, Ma'am. He is indeed my best role model of my life.** Also when I recall my childhood, my father has never been sick or taken time off for himself. To me, he is the strongest man in the world. …(중략)…

Q 당신의 가족에 대해서 이야기해 주시겠어요?

A 제 가족은 아버지, 어머니, 동생 그리고 저 이렇게 4명입니다. 아버지는 전기회사에서 15년 동안 일하시다 5년 전에 은퇴하셨습니다. 그리고 지금 사업을 하고 계십니다. 저의 아버지는 책임감이 강하고 일을 열심히 하시는 분입니다. 그는 항상 저에게 제가 어떻게 하기로 결정을 하든 그 행동에 모든 책임을 져야 한다고 말해주셨습니다(잠시 멈칫하며 생각에 잠김).

Q 아버지가 당신에게는 좋은 롤모델이었겠네요.

A (생각하다가 면접관의 말에 반응을 하며, 미소와 함께) **네, 그렇습니다. 제 아버지는 정말 저에게 인생 최고의 롤모델이셨습니다.** 또한 제 어린 시절을 회상해보면 저희 아버지는 단 한 번도 아프시거나 자신을 위해서 시간을 냈던 적이 없으셨습니다. 저에게는 저희 아버지가 세상에서 제일 강한 사람이었습니다. …(중략)…

생각에 잠겨 있었더라도 면접관의 말에 반응을 보이며 "Yes, Ma'am. He is indeed my good role model of my life."라고 대답한 경우 이 지원자의 작은

센스가 돋보이게 된다. 또한 만들어진 대답으로 느껴지기보다 정말 가슴에서 나오는 이야기처럼 들리게 될 것이다. 혹여 뒤에 말을 제대로 이어나가지 못하는 실수를 하더라도, 적어도 면접관의 말을 무시한 지원자는 되지 않을 것이다.

면접이 진행되는 동안 면접관의 모든 신경과 관심은 지원자에게 집중되어 있다. 지원자의 태도, 자세, 표정, 목소리, 대답 등 모든 걸 면접관이 보고 있다는 것이다. 지원자가 자기만의 생각에 빠져서 준비한 답변을 줄줄 외는 것에만 집중하거나, '이 뒤가 뭐였지?'라고 생각하는 순간에도 면접관의 시선은 당신을 향해 있다는 사실을 잊지 말아야 한다.

중간에 생각이 안 나면 인상을 쓰며 답변이 뭐였나를 고민하는 것 보다, 멋쩍은 미소일지라도 면접관을 향해 웃어 보이며 "I am sorry that I forgot what I wanted to say."라고 말한다면 면접관도 충분히 이해할 것이다. 면접관 또한 면접자였던 시절이 있었기에 그 자리가 얼마나 떨리고 긴장되는지 알기 때문이다. 또한 실수를 인정하고 면접관과 대화하며 소통하였기에 면접관도 나름의 응원을 보낼 것이다.

면접관에게 잘 보이고 싶은가? 특별한 이미지를 남기고 싶은가? 그럼 당신이 먼저 면접관과 함께 소통하고 호흡하면서 관심을 보여 주어야 한다. 나에게 관심을 보이는 사람을 싫어할 사람은 없다. 그렇기에 관심을 받은 면접관의 관심도 자연스럽게 당신에게 돌아올 것이다.

Chapter 4

영어 면접에서
성공하기 위한
7가지 비결

1

대화의 흐름을
파악하라

면접이 진행될 때 유의해야 하는 두 가지가 있다. 하나는 질문 의도 파악이고 다른 하나는 흐름을 숙지하는 것이다. 면접은 크게 Small Talk(영어 면접의 일종으로 가벼운 일상 이야기를 주고받으며 진행 됨—저자)과 지원자의 성향 파악 및 직무 관련 질문을 하는 시간으로 나눌 수 있다. 보통 영어 면접은 바로 직무 또는 성향에 관련된 질문으로 시작하지 않고 지원자가 면접 분위기에 적응할 수 있도록 간단한 대화로 시작된다. 또한 이런 Small Talk는 면접이 진행되는 내내 계속된다. 면접의 기본은 대화를 바탕으로 이루어지기 때문이다. 여기서 중요한 것이 대화의 흐름을 파악하는 것이다. 면접 내내 면접관과 지원자가 서로 다른 이야기를 하고 있다고 생각해 보자. 아무리 관대한 면접관이라도 좋은 결과를 주긴 힘들 것이다.

대화의 흐름과 관련된 예를 살펴보자. 제자 중 한 명이 다이어트 중이었다. 식단 조절과 운동을 병행하면서 정해진 음식을 정해진 시간에만 먹고 있다는 것을 알고 있었다. 강의를 시작하며 가볍게 그 친구의 일과에 대한 질문을 했다.

Q   What did you do in the morning?

A   I went to the Gym and did workout for about 2 hours with my personal trainer. Then I studied for this class in the cafe nearby my home.

Q   You looked a bit out of energy. Have you eaten properly these days?

A   My personal trainer told me that I should eat only 200g of rice with boiled half of chicken breast for lunch and do not eat anything after 6 pm.

Q   So, do you eat properly to keep yourself in a good physical condition?

A   My personal trainer said that …(중략)…

Q   I have asked whether you eat properly, not your personal trainer's instruction.

Q   아침에 무엇을 했나요?

A   체육관에 가서 개인 트레이너와 함께 2시간 정도 운동을 했습니다. 그런 뒤 집 근처에 있는 카페에서 오늘 수업 준비를 했습니다.

Q   기운이 없어 보이네요. 요즘 잘 먹고 있나요?

A   제 개인 트레이너가 저에게 점심으로는 200g의 쌀과 삶은 닭가슴살 반쪽만 먹으라고 했고 저녁 6시 이후에는 아무것도 먹지 말라고 했습니다.

Q 그래서 좋은 컨디션과 건강을 유지하기 위해서 잘 먹고 있나요?

A 제 개인 트레이너가 …(중략)…

Q 저는 당신이 제대로 먹고 있는 건지 아닌지를 물었지, 당신 트레이너의
지시사항을 물어본 것이 아닙니다.

우리의 대화는 이렇게 끝났다. 이 친구는 결국 이야기의 흐름을 파악하지
못한 상태로 자신이 하고자 했던 말만 했다. 그러다 보니 본인 생각이 아닌
트레이너가 해 준 지시를 말한 것이다. 많은 준비생들이 상대와의 소통보다
자신의 대답에만 집중하다 보니 쉽게 하는 실수다. 대화는 소통이다. 따라서
혼자 만든 대답을 혼자 읊는 게 아니고, 상대의 질문을 잘 듣고 그에 맞는 대
답을 해야 한다. 위의 질문을 잘 듣고 면접관의 의도에 맞게 아래와 같이 대
답했다면 어떻게 들리는지 보자.

Interview example

Q What did you do in the morning?

A I went to the Gym and did workout for about 2 hours with my
personal trainer. Then I studied for this class in the cafe nearby my
home.

Q You looked a bit out of energy. Have you eaten properly these days?

A Well, I am trying. Recently I have reduced the amount of the food
which I consume, because my personal trainer planned my daily diet,

so I have to have only 200g of rice with boiled half of chicken breast for lunch and a couple of potatoes for dinner, also I am not supposed to eat anything after 6 pm. It has started a couple of weeks ago and I have been trying to get familiarized with my new diet. If I made you feel like I am out of energy, then I am sorry I didn't mean that.

Q   I see. Doing exercise is good, but you know that too much is as bad as too little. So I hope you take good care of yourself.

A   Oh, thanks for your care.

Q   아침에 무엇을 했나요?

A   체육관에 가서 개인 트레이너와 함께 2시간 정도 운동을 했습니다. 그런 뒤 집 근처에 있는 카페에서 오늘 수업 준비를 했습니다.

Q   기운이 없어 보이네요. 요즘 잘 먹고 있나요?

A   노력하고 있습니다. 최근 섭취하는 음식의 양을 조금 줄였습니다. 왜냐하면 제 개인 트레이너가 제 일일 식단을 계획해 주었기 때문입니다. 그래서 저는 점심으로는 오직 200g의 쌀과 삶은 닭가슴살 반쪽만 섭취하고 저녁 6시 이후에는 아무것도 먹지 말아야 합니다. 이런 식단을 몇 주 전에 시작해서 익숙해지려고 노력 중입니다. 혹 제가 기운이 없는 것처럼 느껴지게 만들었다면 죄송합니다. 그럴 의도는 아니었습니다.

Q   알겠어요. 운동을 하는 건 좋은 겁니다. 하지만 과함은 모자란 것보다 못합니다. 그러니 스스로를 잘 돌보세요.

A   염려해 주셔서 감사합니다.

면접관의 말에 집중하고 의도를 제대로 파악해서 답변한다면 위의 대화처럼 오히려 면접관의 관심과 배려를 끌어낼 수 있다. 특히 Small Talk처럼 흐름에 따라 대화의 주제가 금방 변하는 경우는 특히 더 상대방의 말에 집중해야 한다. 이런 대화를 통해서 면접관은 지원자의 센스나 순발력 그리고 의사소통 능력을 파악하게 된다.

또한 흐름이란 질문의 의도에 맞게 대답을 하는 것도 포함된다. 아이러니하게도 면접관에게 잘 보이고 싶은 마음이 커질수록 질문의 의도와 상관없는 말을 하면서 면접을 망치는 친구들을 많이 보았다. 질문의 의도를 어떻게 파악하고 대답해야 하는지에 대해서는 다음 장에서 보다 자세히 살펴보도록 하자.

2

질문의 의도를 파악하고
대답하라

면접에서 질문 의도 파악은 대단히 중요하다. 질문의 의도를 제대로 파악하지 못하면 엉뚱한 답변을 늘어놓기 십상이다. 또한 면접관도 지원자의 대답을 이해하지 못하기 때문에 Follow-up 질문 공세가 이어질 수도 있다. 면접관이 하는 모든 질문에는 의도가 들어있다(가벼운 질문일지라도). 따라서 지원자는 질문의 의도를 먼저 파악하고 그에 맞는 대답을 해야 한다.

아이러니한 것은 지원자들이 면접관에게 좋은 점수를 받고 싶어 하면서도 이 간단한 규칙을 따르지 않는다는 것이다. 즉, 질문의 의도를 제대로 파악하지 않고 자신이 하고 싶은 말만 한다. 다음은 얼마 전, 제자와 Small Talk 형식의 간단한 대화를 나눈 사례다.

Q How's going today?

A I have stopped drinking coffee, and I feel good now.

Q What you mean?

Q 오늘 어땠어요?

A 저는 커피 마시는 것을 그만두었습니다. 그리고 지금 기분이 좋습니다.

Q 무슨 말이죠?

그 당시 우리가 나눈 대화다. 제자의 대답에 당황한 나는 무슨 말인지 되물었고, 나의 반응에 당황한 제자도 횡설수설하는 상황이 이어졌다. 그러고는 "오늘 아침에 커피를 마시지 않기로 한 것이 생각나서" 그런 말을 한 것 같다고 했다. 자신의 행동에만 집중한 것이다. 하지만 "How's going today?"라는 질문은 말 그대로 오늘 하루가 어땠는지를 물어본 것이다. 행동이 아닌 하루를 어떻게 보냈는지에 대한 '상태'를 물어본 것이다. 지원자가 이를 제대로 파악해서 대답했더라 즐거운 대화로 이어졌을 것이다.

Q How's going today?

A It is great so far. I spent quite busy morning doing some house chores and preparing for this interview. But I am feeling so great.

Q Sounds wonderful.

Q 오늘 어땠어요?

A 지금까지 좋습니다. 집안일과 면접 준비를 하면서 꽤 바쁜 아침을 보냈습니다. 그러나 기분은 아주 좋네요.

Q 완벽하게 들리네요.

이처럼 의도에 맞는 대답을 하면 면접관의 대답도 달라진다. 그리고 지원자에게 흥미를 보일 것이다. 의도 파악이 얼마나 중요한지 다른 에피소드를 통해 조금 더 살펴보기로 하자. 전에 한 제자에게 이런 질문을 한 적이 있다.

"Have you had any feedback from your boss or coworker?"

이 질문의 의도가 무엇이었을까? 제대로 질문을 파악하지 않고 대답한 친구의 답변을 먼저 살펴보자.

Interview example

(수정 전)

A Yes, I have. I got bad feedback from my coworker, when I worked for Grand Hilton Hotel. During busiest moment, I didn't communicate with one of my team members who was in the same team with me, because she looked so busy. After appetizer, I offered a main course to a customer and he made short work of it. But other customer on the same table was still having an appetizer. So my coworker thought he just finished the appetizer. So she offered the main course twice to him. Soon, the coworker came to me and told me like this

"Lim, Did you already offer the main course at the table number three? Why you didn't tell me? I didn't know that, so I offered the main course twice to him. Can you communicate with me please, because we are a team."

It was my bad feedback that I've got from my coworker. At that time I thought she was so busy, so I was going to tell her later. However it was not right decision. After that, to improve my fault I always tried to communicate with her. Also if she looked so busy, then I left a message on the post-it like this, 'Table No. 6 a main course done.' Finally she appreciated my effort. Through this experience, I've learned how important communication is in a team. Thank you.

(수정 전)

A   네, 있습니다. 제가 Grand Hilton Hotel에서 일했을 때 동료에게 안 좋은 피드백을 받았습니다. 바쁜 순간에 저와 같은 팀에 있었던 동료 중 한 명과 의사소통을 하지 않았습니다. 왜냐하면 그녀가 바쁜 것처럼 보였기 때문입니다. 애피타이저 다음으로 손님에게 주요리를 가져다 드렸고 그 손님은 재빨리 요리를 드셨습니다. 그러나 같은 테이블에 앉아 있던 다른 손님은 여전히 애피타이저를 드시고 있었습니다. 그래서 제 동료는 그 손님이 애피타이저를 방금 다 먹은 줄 알고 주요리를 또 가

져다 드렸습니다. 곧 제 동료는 저에게 다가와서

"Lim, 3번 테이블에 주요리 이미 가져다 드렸니? 왜 말하지 않았니? 내가 몰랐잖아. 그래서 또 그 손님에게 주요리를 가져다 드렸단 말이야. 우리는 한 팀이니까 나와 의사소통을 해 줄 수 있겠니?"

이것이 내가 동료에게 받은 나쁜 피드백입니다. 그때 저는 그녀가 바쁘다고 생각했습니다. 그래서 나중에 말하려고 했었습니다. 그러나 그것은 올바른 선택이 아니었습니다. 그 후, 제 잘못을 고치기 위해서 저는 항상 그녀와 소통하려고 노력했습니다. 또한 그녀가 바빠 보이면 저는 '6번 테이블 주요리 끝남'이라는 식의 메모를 포스트잇에 남겨 놓습니다. 마침내 그녀는 제 노력을 고마워했습니다. 이 경험을 통해서 팀 안에서 의사소통이 얼마나 중요한지 배웠습니다.

이 질문을 한 면접관의 의도는 무엇일까? 무슨 사건이 있었는지 알고 싶었던 것일까? 지원자의 대처 모습이 보고 싶었던 것일까? 물론 무슨 일이 있었는지도 중요하다. 하지만 면접관은 사건 자체보다 지원자가 다른 사람의 피드백을 어떻게 받아들이고 처리했는지 그 과정이 궁금한 것이다. 또한 그 경험이 지원자에게 어떤 영향을 미쳤는지도 궁금할 것이다. 왜냐하면 지원자의 과거 행동을 보고 그 지원자를 판단할 수 있기 때문이다.

위의 답변은 지원자의 상황과 행동에 집중되어 있다. 또한 'Bad feedback'이라는 표현은 긍정적인 피드백을 들었다기보다 자신의 실수를 동료가 지적한 것처럼 느껴진다. 그리고 해결 방안도 그 동료에게 어떻게 했는지에 집중되어 있다. 비록 마지막에 의사소통의 중요성을 배웠다고는 했지만 진정성이 느껴지지 않는다. 왜냐하면 동료가 '하지 말라는 걸 안 했을 뿐'이기 때문이다.

물론 에피소드를 통해서 어떻게 대처했는지 보여 주는 것은 중요하다. 다만 답변에서 면접관이 '어떤 대답을 듣고 싶어 하는지'에 대한 이해가 부족했다는 것이다. 면접관은 무슨 피드백을 받았는지에 대한 사실보다 피드백을 들은 후 지원자의 자세를 보고자 하는 것이다. 즉, 피드백을 받고 그 상대가 원하는 대로 해 주었다는 식이 아닌 피드백을 어떻게 소화하고 받아들였는지가 궁금한 것이다. 이제 수정된 답변을 한번 들어보자.

Interview example

(수정 후)

A Yes, I have. When I worked for Grand Hilton hotel as a server, I got a feedback from one of my coworkers. That time I worked in the restaurant and my duty was serving the dishes to the table accordingly since our restaurant serves the course dish. Also we had own section for that, and normally two people were working together in the same section.

One day, it was the busiest lunch time. At that time, I just started my work there so I was not accustomed to how sharing our service process with other team member. While delivering the service, I noticed that one of the guests already finished with his appetizer, so I offered a main course to him immediately. Then he made short work of it while his company was still having an appetizer. So when my coworker saw him, she thought he just finished the appetizer then she offered the main course to him again. Soon, she realised that he had already finished his whole course. She apologised her mistake and cleared the dish for him. Then she came to me and asked if I am the one who served him the main course. So I said yes, and explained that I thought she was already aware of that situation or chef would tell her or something, however it was just my assumption. So I apologised that I didn't notify her earlier. She then advised me in a very calm manner that I should communicate with her before or after I serve the guest instead of just guessing, so that we can avoid any complication like today. Also she highlighted that especially during busy time, clear communication is really essential for effective team work. Thanks to her constructive feedback, I realised that while working with others I should not assume anything, also having a conversation is really important for effective team work. After that, I always tried to communicate with her. Sometimes left a message on the post-it like this, 'Table No.6 main course done.' or told her in person. At the end, she appreciated my effort and improvement. Through this experience, I've learned how important communication is in a team. Thank you.

(수정 후)

A   네, 있습니다. 제가 Grand Hilton Hotel에서 서버로 일할 때, 저는 동료에게 피드백을 받은 적이 있습니다. 그때 저는 레스토랑에서 일하고 있었고 저의 주 업무는 레스토랑이 코스요리를 서비스하는 곳이었기에 요리를 손님들의 테이블에 순서에 맞게 제공하는 것이었습니다. 또한

우리는 각자의 구역이 있었는데 보통 2명이 한 구역에서 같이 일했습니다.

어느 날, 아주 바쁜 점심시간이었습니다. 그 당시 저는 일을 시작한 지 얼마 되지 않았기에 다른 동료와 어떤 방법으로 서비스 진행 상황을 공유하는지에 대해 파악하지 못 한 상태였습니다. 서비스를 하는 동안 저는 손님 중 한 분이 이미 애피타이저를 다 드신 걸 보고 즉시 그 손님에게 주요리를 제공했습니다. 그리고 그 손님은 일행이 여전히 애피타이저를 먹고 있는 동안 아주 빨리 메인요리를 먹어 치웠습니다. 그래서 제 동료가 이 손님을 보았을 때, 그녀는 그 손님이 애피타이저를 끝냈다고 생각하고 주요리를 다시 제공했습니다. 곧 제 동료는 그 손님이 이미 식사를 모두 마쳤다는 것을 알게 되었습니다. 그녀는 손님에게 자신의 실수를 사과하고 접시를 치웠습니다. 그런 뒤 제게 와서 그 손님에게 주요리를 서빙 했는지 물었습니다. 저는 그렇다고 말한 뒤 제가 주요리를 손님에게 제공하면 그 상황을 동료도 당연히 알 것이라 생각했다고 설명했습니다. 주방장이 음식이 나갔다고 이야기해 줬을 것이라고 생각했다고. 그러나 그건 저의 추측일뿐이었습니다. 그래서 저는 사과를 했습니다. 제 동료는 저에게 침착하게 손님에게 식사를 제공하기 전이나 후에는 자신과 의사소통해야 한다고 조언해 주었습니다. 상대가 알 것이라 추측하는 대신 말이죠. 그래야 오늘 같은 복잡한 일을 피할 수 있다고 했습니다. 특히 바쁜 시간에는 효과적인 팀워크를 위해서 명확한 의사소통이 얼마나 중요한지도 강조했습니다. 그녀의 건설적인 피드백 덕분에 저는 다른 이들과 일을 할 때는 추측하지 말아야 하고 효과적인 팀워크를 위해서 대화를 하는 것이 정말 중요하다는 것을 깨달았습니다. 그 뒤, 저는 항상 그녀와 의사소통을 하려고 위해 노력했습니다. 때로는 포스트잇에 '6번 테이블 주요리 끝남'이라는 메모를 남기거나 그녀에게 직접 이야기합니다. 끝에는 그녀가 제 노력과 발전을 칭찬해 주었습니다. 이 경험을 통해서 저는 팀 안에서 의사소통이 얼마나 중요한지를 배웠습니다. 감사합니다.

수정된 답변을 보면, 이 지원자가 상대의 피드백을 좋은 태도로 받아들이고 배움의 기회로 삼았다는 생각이 든다. 또한 상대도 지적이 아닌 조언을 준 느낌으로 표현되어 있다. 바로 이 표현이 지원자가 그 순간 상대에게서 받은 느낌이라고 여겨도 무방할 것이다. 또한 이것이 이 질문의 의도다. 면접관은 이 질문을 통해서 지원자가 평소 어떻게 피드백을 받아들이고 발전하려고 노력하는지를 보고자 하는 것이다. 그런 모습을 통해 어떤 동료가 될 것인지 파악하려는 것이다.

이것이 면접의 메인 목적이다. 때문에 내가 하고 싶은 말을 하는 게 아닌, 질문의 의도를 파악하고 그에 맞는 이야기들로 면접관에게 나를 어필해야 한다. 면접의 의도는 거창하지 않다. 단순한 이야기들과 경험을 통해서 지원자의 평소 일하는 모습을 파악하고 그 모습을 미래를 예측하려는 것이다. 따라서 면접 시에는 질문의 의도 파악이 제일 중요하다는 사실을 절대 잊지 말아야 한다.

3

면접은 소통의 장이다.
면접관의 말에 귀를 기울여라

면접장에서 많은 친구들이 저지르는 실수 중 하나가 상대의 말을 듣지 않는 것이다. 많은 지원자들에게 면접관과의 만남은 그야말로 학수고대하던 순간이다. 그리고 면접이 진행되는 순간엔 자신이 준비한 대답들을 잘 하고자 노력한다. 하지만 정작 면접관이 무슨 말을 하면 듣지는 않는다. 혹자는 이럴 것이다. 너무 긴장해서 면접관의 말에 집중하지 못했다고. 하지만 이것이 아주 큰 문제임을 많은 지원자들이 인식하지 못하고 있다. 자신의 대답만 잘 전달하면 된다고 생각하지만 가장 중요한 것은 대답이 아닌 소통이다.

당신이 친구와 이야기하고 있다고 가정하자. 친구의 말을 듣다가 궁금증이 생기거나 동조하는 듯한 말을 건넸다. 하지만 친구는 나의 말에 전혀 신경 쓰지 않고 자신의 이야기만 늘어놓고 있다. 기분이 어떻겠는가? 처음에는 성의껏 들어주겠지만 결국 당신 역시 친구의 말에 관심이 사라질 것이다. 왜냐하면 소통이 아닌 일방적인 대화로 인해 나의 존재가 무시당한 기분이

들기 때문이다.

어느 날, 피드백에 관련된 강의를 하고 있었다. 당시 공연장에서 일하던 K라
는 제자는 자신의 동료를 단정 지어 "주어진 일은 하지 않고 무대에서 진행
중인 공연에만 집중하고 있었다."라고 대답했다. 제자의 답을 듣고 있자니
'동료가 일하지 않은 것을 어떻게 확신할 수 있었을까?' 라는 궁금증이 생겼
다. 그래서 물었다.

Interview example

Q   How do you know that your colleague was not working?

A   Checking of usage of the electric devices in her area is her responsibility,
     but she didn't check it.

Q   I understand that it was her responsibility, but I wonder how you know
     that she was not checking of usage of them?

A   She didn't check 10 audiences who were using mobile phone while
     play was performing on the stage, and this is what she was supposed to
     do as a security.

Q   I know what her duty was, I just wondered how you noticed that she
     was not checking. Okay, never mind.

A   …

Q   동료가 일하지 않고 있다는 것을 어떻게 알았나요?

A   그녀의 구역에 전자 기기들의 사용을 체크 하는 것은 그녀의 책임입니

다. 하지만 그녀는 체크 하지 않았습니다.

Q 그것이 그녀의 책임이었다는 것은 알았어요. 하지만 전자기기 사용 여부를 그녀가 체크 하고 있지 않다는 것을 당신이 어떻게 알았는지 궁금합니다.

A 무대에서 공연이 진행될 때 10명의 손님이 핸드폰을 사용하고 있는 걸 그녀가 체크 하지 않았습니다. 그리고 보안의 이유로 이것이 그녀가 했었어야 하는 일입니다.

Q 그녀의 업무가 무엇인지는 알고 있어요. 저는 당신이 그녀가 체크 하고 있지 않다는 것을 어떻게 알게 됐는지가 궁금했었던 거랍니다. 됐습니다.

A …

위의 대화를 보면 K는 면접관의 질문을 제대로 이해하지도, 이해하려 하지도 않고 자신의 말만 하고 있다. K는 영어를 꽤 잘하는 친구였기에, 모의 면접이 끝나고 이 상황에 대해서 다시 물어봤다. 그랬더니 K는 당황하면서 면접관(저자)의 말을 분명히 들었는데 무슨 질문을 했었는지, 자신이 무슨 생각으로 이런 대답을 한 건지 아무 생각이 안 났다고 했다. 안타까운 일이다. K는 그저 듣는 수준인 "Hearing"을 했지만 "Listening"에는 실패한 것이다. Hearing과 Listening은 분명 다르다. 주변의 소음이나 노랫소리 등 우리가 의도하지 않아도 소리가 나서 듣게 되는 것은 Hearing에 속한다. 하지만 Listening은 듣고자 하는 의도를 가져야 들리는 것을 말한다. K가 면접관의 말에 집중을 하고 의도를 파악해서 그에 맞는 대답을 했다면 면접관이 같은 질문을 반복하는 일은 막을 수 있었을 것이다.

Q How do you know that your colleague was not working?

A While performance was showing on the stage, I noticed a couple of light from the audiences in her area, I tried to get her attention but failed to do so since she was not paying attention to me. so I went there to talk to the audiences who were using mobile phone and asked them not to use while performance is ongoing. That is how I know that she was not doing her job properly.

Q 동료가 일하지 않고 있다는 것을 어떻게 알았나요?

A 무대에서 공연이 이루어질 때, 저는 그녀가 관리하는 객석에서 몇 개의 불빛을 보게 되었습니다. 저는 그녀에게 알려주려고 했지만 그녀가 저에게 집중하지 않고 있었기에 실패했습니다. 그래서 저는 핸드폰을 사용하고 있는 고객에게 직접 가서 공연이 진행 중일 때는 핸드폰을 사용하지 말아 달라고 이야기했습니다. 그렇게 제가 어떻게 그녀가 업무에 집중하고 있지 않았는지 알게 된 것입니다.

K가 이렇게 대답했다면 면접관은 바로 이해했을 것이다. 오히려 '상황인지 능력이 좋은 친구'라는 생각도 했을 것이다. 종종 면접자가 면접관에게 질문을 해 놓고 대답은 듣지 않은 채 자신의 이야기를 하느라 바쁜 경우도 있다. 대답을 하려던 면접관은 당황스러울 수밖에 없다.

Q   What is the most interesting movie you have ever watched so far?

A   The most interesting movie to me is COCO. Have you watched this movie?

(면접관이 대답하려는 순간, 지원자가 말을 끊지 않고 계속 이야기 하면서)

A   This movie is about the family' love and support. …(중략)… When I watched this movie, it reminded me of my family. Because my family has been always there for me with care and love.

Q   Okay …

Q   지금까지 보았던 영화들 중 가장 흥미로웠던 영화는 무엇인가요?

A   가장 흥미로웠던 영화는 COCO입니다. 이 영화를 보신 적이 있나요?

(면접관이 대답하려는 순간, 지원자가 말을 끊지 않고 계속 이야기하면서)

A   이 영화는 가족의 사랑과 지원에 관한 것입니다. …(중략)… 제가 이 영화를 보았을 때, 저는 가족이 떠올랐습니다. 왜냐하면 제 가족은 늘 관심과 사랑으로 저를 위해 있어 주었기 때문입니다.

Q   알겠습니다.

위의 대화에서 당신이 면접관이라고 가정하자. 지원자의 말에 집중하고 주어진 질문에 답변하려 했으나 지원자는 대답을 들을 생각조차 안 하고 자신의 말만 이어가고 있다. 어떤 기분이겠는가? 또한 이런 문제점을 지적 당했을 때, 지원자는 더 이상 '긴장'을 핑계로 들면 안 된다. '긴장해서 못 들었다'는 곧 기내에서 돌발 상황이 발생했을 때에도, 긴장이 되면 동료나 사무장의 말도 잘못 들을 것이라는 걸 면접관에게 알리는 꼴이 된다. '의사소통'은 승무원이 가져야 할 필수 자질이다. 이런 의사소통에 있어 가장 중요한 'Listening'에서 서툰 모습을 보인다면 면접관은 지원자를 신뢰하지 못할 것이다. 같은 경우 이렇게 대답해 보자.

=== Interview example ===

Q   What is the most interesting movie you have ever watched so far?

A   The most interesting movie to me is COCO. Have you watched this movie? (잠시 면접관의 반응을 기다리며)

Q   No, I haven't.

A   Oh, I see, but I am sure if you watch it, you will enjoy it. Well, this movie is about the family' love and support. …(중략)… When I watched this movie, it reminded me of my family. Because my family has been always there for me with care and love. With this reason COCO was really interesting to me. Thank you.

Q   지금까지 보았던 영화들 중 가장 흥미로웠던 영화는 무엇인가요?

A   가장 흥미로웠던 영화는 COCO입니다. 이 영화를 보신 적이 있나요? (잠시 면접관의 반응을 기다리며)

Q   아직 못 봤어요.

A   그러시군요. 그렇지만 당신도 이 영화를 본다면 분명 좋아할 거라고 확

신합니다. 이 영화는 가족의 사랑과 지원에 관한 것입니다. …(중략)… 제가 이 영화를 보았을 때, 저는 가족이 떠올랐습니다. 왜냐하면 제 가족은 늘 관심과 사랑으로 저를 위해 있어 주었기 때문입니다. 이런 이유로 COCO가 정말 흥미로웠습니다. 감사합니다.

위와 같은 방법으로 소통한다면 면접관 역시 자신이 대화에 참여하고 있다는 느낌이 들어, 지원자에게 더 집중하게 될 것이다. 이렇듯 면접에 있어서 'Listening'은 기본이자 가장 중요한 요소다. "면접"은 단순히 지원자의 대답을 듣기 위함이 아니라 기본 의사소통 능력을 평가하는 자리이기 때문이다. 나와 대화하는 상대가 무슨 말을 하는지 집중해서 들어야 그에 맞는 대답도 해 줄 수 있다. 이것은 소통의 기본이다. 상대의 말에 집중하지 않고 혼자만 말을 하는 건 소통이 아니다. 의사소통의 기본은 '듣기'임을 절대 잊어서는 안 된다.

4

매직 워드와
쿠션 워드의 힘

인간관계를 아름답게 유지하는 데 가장 중요한 요소는 무엇일까? 나는 감사함과 고마움, 그 마음을 표현하는 동시에 자신의 잘못이나 실수는 인정하고 사과하는 자세라고 생각한다. 하지만 많은 사람들이 "감사합니다", "미안합니다"라는 말에 인색하다는 것을 알 수 있었다. 이런 경향은 내가 승무원으로 일하면서 만난 다양한 국적의 동료뿐만 아니라 손님들에게서도 목격할수 있었다.

사람이라면 누구나 자신에게 호의적인 사람에게 친절을 베풀고, 적대적인 사람과는 거리를 둘 것이다 자신을 낮추는 사람에게 호감이 생기고 자신을 과시하며 실수와 변명으로 일관하는 사람과는 가까이 하지 않으려고 애쓴다. 면접 또한 사람이 하는 일이기에 면접관과 좋은 관계를 만들고 유지한다면 좋은 결과로 이어질 수 있는 것은 자명한 일일 것이다.

나는 관계에 윤활유 역할을 하는 "Thank you"와 "I am sorry"를 매직 워드 라고 일컫는다. 왜냐하면 이 단어들은 인간관계뿐만 아니라 면접 분위기도 화기애애하게 만들 수 있는 좋은 무기이기 때문이다. 처음 면접 강의를 했던 2010년이나 지금이나 변하지 않은 한 가지는 대부분 지원자가 매직 워드를 쓰는 것에 상당히 인색하다는 사실이다.

2005년 12월 내가 에미레이트항공 면접을 봤을 때, 면접관의 질문에 대한 대답이 끝나면 나는 자연스럽게 "Thank you"라고 말했다. 특별한 이유는 없 었고, 내게 질문을 해 주고 대답을 들어준 면접관에 대한 감사의 표시였다. 그리고 실수를 한 경우에는 멋쩍은 미소와 함께 "I am sorry"라고 했다. 내가 실수를 했으니 사과하는 건 당연했으므로. 이런 나의 자세와 태도는 오히려 면접관의 호감을 사게 되었고, 나는 최종합격이라는 기쁨을 맛볼 수 있었다. 그 당시에는 이런 사소한 것이 얼마나 중요한지 몰랐었다. 하지만 내가 강 의를 시작하고, 기본적인 인사조차 아끼는 학생들을 보면서 매직 워드의 소 중함을 느꼈다.

강의를 시작한 지 얼마 안 되었을 때 CV Drop(지원자가 직접 면접관에게 걸어가 본인의 이력서를 내고 간단한 질문을 받는다. 이 형태의 면접은 중 동 항공사에서 주로 이루어지며, 보통은 그 자리에서 합격/불합격 결과를 알 수 있다─저자) 형식의 모의 면접을 진행한 적이 있다.

한 명씩 걸어와 이력서를 내고, 이런저런 이야기를 하며 면접을 보는 시간은 3~5분. 하지만 면접 중에도, 면접을 마친 후 돌아가면서도 어떠한 감사 또 는 마음을 표현하는 말을 하는 학생은 없었다. 그러던 중 열 번째 친구가 면접을 마친 뒤 "감사합니다"라는 인사를 했는데, 그 모습이 유난히 예뻐 보였다. 나도 모르게 고개를 들어 미소와 함께 다시 한번 그 친구의 얼굴을 보게되었다. 사소한 단어에 반응하는 나의 감정과 행동을 보면서 매직 워드가 주는 큰 힘을 깨달았다. 나는 아직도 "Thank you" 또는 자신의 실수에 대해 "Sorry"라고 말하지 않는 아이들에게 이 단어의 중요성을 강조하고 있다. 이런 사소함으로 면접관의 마음을 움직일 수 있기 때문이다. 다음은 면접 자리에서 매직 워드가 얼마나 중요한 역할을 하는지 잘 드러나는 사례다.

Interview example

Q Have you ever been hospitalized before?

A Yes, I have. I have been working in hospitality industry for a long time.

Q I think you misunderstood. what I asked you was that if you have an experience of being sent to or staying in the hospital before, because you are not well or something like that.

A I see. No, I haven't.

Q 병원에 입원했던 적이 있습니까?

A 네, 있습니다. 저는 서비스업에서 오랫동안 일을 해 오고 있습니다.

Q 잘못 이해한 것 같네요. 저는 혹시 전에 몸이 안 좋아서 병원에서 지내야 했던 적이 있었는지를 물어본 것이었답니다.

A 그렇군요. 없습니다.

이 친구는 병원에 "입원시키다"라는 뜻의 "Hospitalize"와 "환대"라는 뜻의 "Hospitality"를 혼동해 대답했다. 그래서 나는 친절하게 다시 설명해 주었다. 그런데 "I see, No I don't have"라고 대답하는 것을 보고 나는 생각했다. '조금 더 상대를 배려하는 모습을 보였다면 좋지 않았을까'라고. 면접관이 베푼 친절에 배려로 반응했다면 어땠을까?

=| Interview example |==

Q   Have you ever been hospitalized before?

A   Yes, I have. I have been working in hospitality industry for a long time.

Q   I think you misunderstood. what I asked you was that if you have an experience of being sent to or staying in the hospital before, because you are not well or something like that.

A   Oh, I am sorry for that, and thank you so much for your kind explanation. Luckily I have not been hospitalized before. Thank you.

Q   병원에 입원했던 적이 있습니까?

A   네, 있습니다. 저는 서비스업에서 오랫동안 일을 해 오고 있습니다.

Q   잘못 이해한 것 같네요. 저는 혹시 전에 몸이 안 좋아서 병원에서 지내야 했던 적이 있었는지를 물어본 것이었답니다.

A   죄송합니다, 그리고 친절하게 설명해주셔서 감사합니다. 운이 좋게도 전에 병원에 입원한 적은 없습니다. 감사합니다.

훨씬 예의 바르고 배려심 있는 사람처럼 보이지 않는가? 2015년도에 〈킹스맨〉이라는 영화가 개봉한 뒤, "매너가 사람을 만든다(Manner makes man)"라는 대사가 크게 유행했었다. 왜였을까? 나는 매너라는 게 인간관계에서 지켜야 할 기본 중 기본이지만, 쉽게 간과되는 부분이기에 사람들의 뇌리에 남은 것이 아닐까 생각한다. 그리고 마음속으로 이런 매너를 갖춘 사람과 함께할 때 더 큰 즐거움을 느끼는 것이 아닐까? 이와 같은 이유로 면접에서도 사소한 매너로 지원자가 더 매력적인 사람으로 부각될 수 있다.

당신은 어떤 모습의 지원자로 면접관의 기억에 남고 싶은가? 당신을 매너 있는 사람으로 기억되게 하는 방법은 아주 간단하다. 쿠션 워드 두 마디로 충분히 매너와 배려심이 넘치는 사람으로 기억될 수 있다.

5

숲을 보여 주어야 할 때 vs
나무를 보여 주어야 할 때

답변을 만들 때 준비생들이 겪는 가장 큰 어려움이 답변 내용을 '어디까지 표현해야 하는가'일 것이다. 많은 지원자들이 대답을 간결하게 해야 할 때에는 에피소드까지 곁들여 이야기를 길게 끌어나간다. 또한 충분한 설명이 필요한 질문에는 한두 줄로 대답해 무슨 말을 하려는 건지 이해할 수 없게 만든다. 이런 일들이 생기는 이유는 질문의 의도를 제대로 파악하지 못하고 대답을 만들었기 때문이다. 질문의 의도에 따라서 때로는 숲을 보여 주어야 하고, 때로는 나무를 보여 주어야 한다. 자, 그럼 어떤 질문에 숲을 보여 주어야 하고 어떤 질문에 나무를 보여 주어야 하는지 살펴보자.

숲을 보여 주어야 할 때

지원자의 생각이나 철학, 철칙 등을 드러낼 때는 너무 자세히 들어가지 말고 전체적인 숲을 보여 주어야 한다. 예를 들어, "What is your service skill?" 또는 "How do you get rid of your stress?" 등의 철칙이나 패턴을 확인하는 질문에는 본인의 생각이나 행동 등을 일반화하여 숲을 보여 주듯 이야기하면 된다.

나무를 보여 주어야 할 때

어떤 사건에 대한 이야기를 묻거나 지원자의 경험에 대한 질문에는 자세히 대답해야 한다. 어떤 일이 있었는지 기승전결에 맞춰 잘 표현해 주어야 한다. 그래야 면접관이 지원자에게 무슨 일이 있었고, 어떤 과정을 통해 일을 처리했는지 살펴보며 평가할 수 있다. 예를 들어, "How did you handle that situation?" 또는 "Can you tell me how you take care of when you had a difficult customer?" 등처럼 구체적인 에피소드를 요구하는 경우엔 나무를 보여 주어야 한다. 얼마 전 수업 중에 일어난 사례를 살펴보자.

Interview example

Q   What do you like to do when you have a spare time?

A   When I have a spare time, I usually meet my friends. When we get together we love to go for our favourite restaurant which is located in our hometown. Because they make the best pizza and pasta which are our favourite. If we can not make the long time together for a dinner, we then go to our favourite cafe for a cup of coffee. We usually gather twice a week and whenever we meet we talk everything about our life for a long time over a dinner or a cup of coffee. For me spending time with my friends is really important since I can get lot of energy and comfortable feeling from them. This is how I spend my spare time.

Thank you.

Q 여가 시간에 무엇을 하는 걸 좋아하십니까?

A 저는 시간이 있을 때는 주로 제 친구들을 만납니다. 저희는 만나면 저의 동네에 위치한 저희가 가장 좋아하는 레스토랑에 가는 걸 좋아합니다. 왜냐하면 그 레스토랑이 우리가 너무 좋아하는 최고의 피자와 파스타를 만들기 때문입니다. 우리가 저녁을 함께 할 수 있는 충분한 시간이 없다면, 우리는 커피를 즐기기 위해서 우리가 가장 좋아하는 카페에 갑니다. 우리는 보통 일주일에 2번 정도 만나고, 만날 때마다 저녁이나 커피를 한잔하면서 우리 삶에 관한 모든 이야기들을 나눕니다. 저는 많은 에너지를 얻을 수 있고 편안함을 느끼게 만들어주는 제 친구들을 만나는 것을 아주 중요하게 여깁니다. 이것이 제가 여가 시간을 보내는 방법입니다. 감사합니다.

언뜻 보면 예쁜 표현들이 가득하다. 하지만 자세히 들여다보면 너무 많은 얘기를 하고 있다는 생각이 든다. 면접관이 먼 길을 날아와서 지원자가 친구를 만나서 몇 시간을 떠들고 얼마나 자주 만나고 어떤 레스토랑이나 카페를 가는지, 그리고 왜 거기에 가는지를 알고 싶을까? 여가 시간에 무엇을 하는지 물어보는 이유는 간단하다. 이 지원자가 어떻게 자기 시간을 잘 활용하는지, 여가 시간을 어떻게 보내면서 에너지를 충전하는지 등을 파악하고 싶은 것이다. 승무원으로 일하게 되면 자기 시간을 관리하는 것이 중요해지기 때문이다. 승무원은 불규칙한 스케줄로 근무해야 하는 직업이다. 그러다 보니 여가 시간 또한 다른 직업군에 비해 불규칙하다. 이런 시간을 잘 활용해야 정신적, 육체적으로 건강한 삶을 꾸려 나갈 수 있다.

따라서 면접관의 의도를 잘 파악하여 답변하는 게 중요하다. 너무 구체적인 대답은 지루함을 유발하고 결국 좋은 인상을 남기지 못한다. 이 질문에 대한 답변을 아래와 같이 바꾸면 어떨까?

Interview example

Q   What do you like to do when you have a spare time?

A   Whenever I have a spare time, I'd love to do something I like. For instance, meeting my friends, cleaning the house, shopping with my mother, watching the movies or etc. because when I do what I love to do, I can get great energy and happy feeling. Among them, my favorite activity is to go for a shopping with my mother, because I love spending time with my mother talking and laughing together while shopping. So like this way I spend my time by doing something makes me feel happy. Thank you.

Q   여가 시간에 무엇을 하는 걸 좋아하십니까?

A   여가 시간에 저는 제가 좋아하는 걸 합니다. 예를 들어, 친구를 만나거나 집을 청소하거나 어머니와 쇼핑을 즐기거나 영화를 보거나 하면서 말입니다. 왜냐하면 제가 좋아하는 것들을 할 때, 큰 에너지와 행복한 기분을 얻기 때문입니다. 그중에서 제가 가장 좋아하는 것은 어머니랑 쇼핑을 가는 것입니다. 왜냐하면 쇼핑을 하면서 어머니와 함께 이야기

하고 웃고 즐기면서 시간을 보내는 것이 너무 좋기 때문입니다. 이처럼 저는 저를 행복하게 만들어 주는 것들을 하면서 시간을 보냅니다. 감사합니다.

이처럼 지원자 자신이 하는 일들을 간단히 나열하고 왜 이런 활동을 하는지, 이를 통해서 무엇을 얻는지를 언급하면 면접관도 얼마나 알차게 여가 시간을 보내는지 파악할 수 있다. 즉, "What do you like to do when you have a spare time?"이라는 질문의 답은 전반적인 숲을 보여 주어야 하는 대답이다.

영어 면접을 준비하는 지원자들이 대답을 만들기 전에 명심해야 할 것은 질문의 의도에 맞게 숲을 보여 주는 식의 대답과 나무를 보여 주는 식의 대답을 구분할 줄 알아야 한다는 것이다. 머리 아프게 분석을 하라는 말이 아니다. 다만 질문을 통해서 무엇을 듣고자 하는 것인지를 파악한다면 쓸데없이 말이 늘어지거나, 너무 짧게 마무리해서 면접관이 지루해하거나 다시 질문해야 하는 수고를 덜어줄 수 있다는 것이다.

6

영어를 유창하게 들리게 하는 방법:
부사와 접속사를 활용하라

"선생님은 어쩜 영어를 이렇게 잘하세요?"

강의를 하면서 많은 친구들에게 이런 소리를 듣는다. 이런 말을 들으면 한 없이 부끄럽지만 한편으로는 뿌듯하다. 그들에게는 내 영어가 유창하게 들 린다는 뜻이기 때문이다. 현재 나의 영어 실력은 10여 년 전에 비해 월등히 향상되었다. 하지만 내가 처음 뉴질랜드에 갔을 때도, 에미레이트항공에서 일할 때도 영어 잘한다는 말을 들었다. 여기서 확실히 말할 수 있는 것은 나 의 영어 실력은 절대 뛰어나지 않았고, 기본적인 대화만 가능한 수준이었다. 그런데도 내가 영어를 잘한다는 말을 들었던 이유는 무엇일까? 비밀은 바로 부사와 접속사 활용에 있었다.

부사를 적절히 사용하면 표현이 풍부해진다
부사가 가진 힘은 생각보다 강하다. 나는 영어가 서툰 시절부터 부사를 대답으로 자주 사용하곤 했다. 뉴질랜드에서 지낼 때 처음엔 현지인들의 질문에 대답을 길게 할 자신이 없었다. 그렇다고 대답을 안 할 수도 없었다. 그런데 가만히 보니 현지인들이 대답을 할 때 부사를 자주 사용하는 것을 알 수 있었다. 그 후로 나도 간단한 부사들을 대답에 넣어 사용하기 시작했다.

예를 들어, "How are you?"라는 질문에 단순히 "I am fine, thank you"라는 대답보다 "I am excellent"라는 대답이 더 유창하게 들릴 것이다.

Interview example

Q How are you?
A I am fine, thank you. And you?
Q I am good too, thanks.
A …

Q 오늘 어떤가요?
A 좋습니다. 감사합니다. 면접관님은요?
Q 저 역시 좋습니다. 고마워요.
A …

첫인상을 멋지게 장식하고 싶은가? 그렇다면 우리가 자주 받는 질문인 "How are you?"라는 질문에 위처럼 정형화된 대답이 아닌 부사를 활용해

보자. 표현에 풍부함이 더해질 것이다.

Interview example

Q   How are you?

A   I've never been better. What about you?

Q   I am good too, thanks.

A   Excellent!

Q   오늘 어떤가요?

A   더할 나위 없이 좋습니다. 면접관님은 어떤가요?

Q   저 역시 좋습니다. 고마워요.

A   너무 좋네요!

"Excellent" 한 단어로 지원자가 면접관에게 심어줄 수 있는 느낌은 전혀 달라진다. 실제 영어를 모국어로 쓰는 사람들의 대화를 주의 깊게 들어보면 부사를 자주 사용하는 것을 알게 될 것이다.

접속사를 잘 사용하면 문장이 부드러워진다

보통 지원자가 만들어 온 영어 면접 답변을 보면 문장과 문장을 아주 기본적인 접속사로만 잇거나, 단어만으로 연결한 것을 볼 수 있다. 그런 경우 문장의 흐름이 매끄럽지 않고, 자칫 영어 실력도 부족한 것처럼 보일 수 있다.

어느 날 수업에서 제자 P와 그의 가족에 관한 이야기를 하고 있었다. 가족들과 데이트하는 것을 즐긴다는 대답을 듣고 어디를 주로 가는지 물어봤다. 여기서 P의 대답을 한번 들어보자.

Q Where do you like to go when you are with your family?

A We go to the Korean restaurant. My father love to have delicious Korean dish. But, my mother really like a pasta, a pizza or something like that. When there are only two of us, we go to Italian restaurant. Thank you.

Q 가족과 함께 있을 때 어디에 가는 걸 좋아하십니까?

A 우리는 한국 레스토랑에 갑니다. 아버지는 맛있는 한국 음식을 좋아하십니다. 그러나 어머니는 파스타, 피자 이런 것들을 좋아하십니다. 저와 어머니 둘만 있을 때, 우리는 이탈리안 레스토랑에 갑니다. 감사합니다.

위의 예시처럼 '가족과 함께 있을 때 어디에 가는 걸 좋아하십니까?'라고 물었을 때, "We go to the Korean restaurant. My father love to have delicious Korean dish."라고 대답하는 것은 내용의 연결성 없이 결론만 말하는 모양이 된다. 같은 표현이라도 "Since my father loves to have delicious Korean food, we like to go to the Korean restaurant."라고 말한다면 문장이 훨씬 부드러워진다. 문장의 순서를 바꾸고 "Since"라는 접속사를 넣음으로써 좀 더 풍부한 표현이 됐다. 혹은, "My father really like to go to Korean restaurant, because he loves Korean food."처럼 "Because"만 넣어도 문장의 흐름이 달라진다.

접속사 없이 단어만 줄줄 말한다면 문장이 투박해질 뿐만 아니라 영어를 못하는 사람처럼 느껴진다. 접속사만 잘 활용해도 영어를 유창하게 구사하는 것처럼 들리게 할 수 있다. 아래의 수정 된 답변을 살펴보자.

--- Interview example ---

(수정 후 1)

A   Since my father loves to have delicious Korean food, we like to go to the Korean restaurant. However, my mother really enjoys a pasta, a pizza or something like that. So, when there are only two of us, we go to Italian restaurant. Thank you.

(수정 후 1)

A   아버지가 맛있는 한국 음식을 좋아하시기에, 우리는 한국 레스토랑에 가는 것을 좋아합니다. 그러나 어머니는 파스타, 피자 같은 것을 정말 좋아하십니다. 그래서 저와 어머니 둘이 있을 때에는 이탈리안 레스토랑에 갑니다.

이처럼 "Since"와 "So"라는 두 접속사만 넣어도 느낌이 훨씬 부드러워진다. 여기에 부사와 내용을 조금 더 추가해서 더 풍부한 표현으로 만들어 보자.

Interview example

(수정 후 2)

Q   Our family enjoy dining out, so we love to go for a nice restaurant. My father, he is a typical korean man who only enjoys Korean food. So if we go out for a dinner or have dinner at home, it must be a Korean dish regardless of places. However my mother is a big fan of Italian food such as a pasta, pizza and so on. So, whenever I have a date with my mother, I choose the Italian restaurant for her. Thank you.

(수정 후 2)

A   우리 가족은 외식하는 걸 좋아하기에, 우리는 좋은 레스토랑에 가는 걸 좋아합니다. 제 아버지는 한국 음식만 즐겨 드시는 전형적인 한국인이십니다. 그래서 우리가 외식을 하거나 집에서 식사를 하거나 장소에 상관없이 늘 한국 음식을 선택합니다. 그러나 제 어머니는 피자나 파스타 같은 이탈리안 음식을 아주 좋아하십니다. 그래서 저와 어머니 둘만의 데이트를 할 때는 저는 어머니를 위한 이탈리안 레스토랑을 선택합니다. 감사합니다.

훨씬 즐겁게 느껴지지 않는가? 사실 또는 행동만을 나열해서 딱딱한 느낌을

주는 것보다 약간의 부가 설명을 더해 가벼운 느낌으로 이야기하면 면접 분위기를 한층 더 즐겁게 만들 수 있다. 위의 예시처럼 부사와 접속사만 잘 활용해도 문장이 자연스러워지고 표현이 풍부해진다는 것을 알 수 있다. 이런 연습을 꾸준히 한다면 본인의 영어 실력 향상에도 큰 도움이 될 것이다.

7

지피지기
백전백승

강의를 하면서 알게 된 놀라운 사실은 많은 지원자가 스스로에 대해 잘 모르거나 알려고 하지 않는다는 것이다. 면접은 자신이 경험을 통해 얻은 생각과 신념, 삶과 일에 대한 자세를 보여 주는 시간이다. 면접관은 지원자의 모습을 보고 회사에 적합한 인물인지 판단하고, 지원자와의 미래를 예측한다. 그런데도 많은 지원자들은 "합격"이라는 단어에만 집중한다. 그래서 자신의 경험이나 생각을 통해 얻은 결론이 아닌, 면접관의 취향에 맞는 답변을 만들려고 한다. 전혀 다른 '나'를 만들어 가져오는 것이다. 다음은 저비용 항공사에서 승무원으로 재직 중인 제자 K와 모의 면접에서 나눴던 대화다.

=| Interview example |=

Q   Have you ever received any feedback from others?

A   No, I haven't.

Q   Are you sure that you have never got any feedback so far even while working on board as a cabin crew?

A   Well, no I haven't got any feedback yet.

Q   Okay, then why do you think you have never got any feedback?

A   I don't know.

Q   다른 사람에게 피드백을 받아본 적이 있나요?

A   아니요, 없습니다.

Q   승무원으로 기내에서 일하면서도 다른 사람에게 지금까지 그 어떤 피드백도 들은 적이 전혀 없다는 것이 확실한가요?

A   네, 어떤 피드백도 받은 적이 전혀 없습니다.

Q   알겠어요. 그럼 왜 당신은 전혀 피드백을 받지 못했다고 생각하나요?

A   모릅니다.

모의 면접이 끝나고 K에게 물었다. 정말 그 어떤 사람에게도 피드백을 받아본 적이 없는지. 그러자 K도 진지하게 "없습니다."라고 대답했다. 그런 K에게 농담처럼 다시 물었다.

> "혹시 부사무장이나 선배들이 하는 피드백을 '잔소리'로 여긴 건 아니고?"

순간 정적이 흘렀고, 한참을 생각한 K가 당황한 표정을 지었다. 그 친구는 자신이 큰 실수를 했다는 생각에 고개를 들지 못했다. 역시나, 피드백을 한 번도 안 받은 게 아니라 선배나 동료의 피드백을 잔소리로 여겼던 것이었다. "피드백"은 실수를 했을 때나, 더 좋은 행동을 유도하기 위해 주는 것이다. 즉 상대의 발전을 위해 나누는 조언인데, 대부분 사람들은 이를 부정적으로 받아들인다. 왠지 자신의 치부를 누군가 들추는 것처럼 여기기 때문이다. 피드백을 듣는 모습에서도 지원자의 자세가 드러난다. 나는 K에게 이렇게 말했다.

> "피드백을 잔소리로 치부하고 귀담아듣지 않으면 같은 잔소리를 계속
> 들을 수밖에 없어. 자신이 뭘 잘못하고 있는지 모르기 때문에 발전이
> 없는 거지. 본인도 스스로 '왜 계속 나한테만 그래?'라며 불평하게 될
> 거야. 반면, 피드백을 잔소리가 아닌 나의 성장을 위한 상대방의 조언
> 이라고 생각한다면 피드백 안에서 내가 나아갈 방향을 찾게 될 거야."

K는 한참을 생각하더니 스스로에 대해 잘 몰랐던 것 같다며, 피드백을 대하는 자신의 자세가 나빴다는 것을 이제야 깨달았다고 했다. 이런 문제는 K만 겪는 일이 아니다. 많은 친구들이 자신의 장점이나 단점, 경험 그리고 본인의 생각에 대해 잘 인지하지 못하는 경우가 많다. 그래서 자신에 대한 이야기보다 정형화된 대답을 하는 것을 쉽게 생각한다. 또한 지원자의 성향을 파악하기 위한 질문의 답변을 준비하면서 많은 친구들이 힘들어 하는 모습을 볼 수 있었다. 특히 자신의 장단점을 써야 하는 질문에 극도로 스트레스를 받는다. 아무리 생각해도 자신의 장단점을 잘 모르겠다는 것이다. 장점은 그나마 낫지만 단점을 적는 건 열이면 열 모두 어려워한다. 그러다가 자신은 단점이 없다는 결론을 가지고 오는 친구도 보았다.

대부분 사람들이 자신이 좋아하는 것, 잘하는 것부터 삶의 철학이나 경험에서 얻은 노하우 등에 큰 관심이 없거나 깊게 생각하지 않는다. 본인을 잘 알려면 스스로와 많은 대화를 나누어야 한다. 남에게 보여주기식이 아닌 내면을 들여다보며 충분히 대화하는 훈련을 하면, 이와 관련된 질문에 대답하기가 쉬워진다.

면접 자리에선 본인의 자질과 경험, 생각 등을 상대에게 잘 전달해서 나의 가치와 가능성을 높여야 한다. 하지만 스스로에 대한 정보가 부족하면 어떻게 나를 잘 포장할 수 있겠는가. 따라서 멋진 대답을 만들기 전에 본인에 대해 깊게 성찰해 볼 필요가 있다.

"지피지기 백전백승(知彼知己 百戰百勝)"이라고 했다. 상대를 알고 나를 알면 백 번 싸워도 백 번 이긴다는 말처럼 면접관이 좋아할 대답을 찾지 말고, 본인을 잘 파악한 후 이에 맞는 대답을 준비하기를 바란다. 이것이 바로 면접에서 승리하는 길일 것이다.

Chapter 5

합격의 당락,
당신에게
달려있다

1

자기관리,
지원자를 평가하는 척도

2014년 6월로 기억한다. 중동의 한 항공사에 합격해 한창 트레이닝을 받던 L이라는 제자를 만났다. 주말에 함께 점심을 먹으며 그 주에 있었던 신입 승무원 면접에 대한 이야기를 들었다.

L은 그날도 회사에서 진행되는 신입 승무원 트레이닝을 마치고 점심을 먹기 위해 식당으로 가던 중이었다고 한다. 한 사람이 로비에 앉아 대성통곡 중이었는데, 다른 외국인 동료들이 L에게 다가와 "울고 있는 사람이 한국인이니 한번 가보는 게 어떻겠냐"고 했단다. 얼떨결에 울고 있는 사람에게 다가가 영문을 물었더니, 방금 본 면접에서 떨어졌다며, 억울하고 분해서 우는 거라고 했단다. 편의상 이 친구를 B라고 하자.

B의 말에 의하면 원래 하루 먼저 도착했어야 하는데 부득이한 사정으로 해당 날짜에 비행기를 못 탔다고 한다. 그다음 날 비행기는 만석이어서 타지

못했고, 할 수 없이 옆 동네(인천공항으로 가야 하는데 김포공항에서 내린 셈이다)로 가는 비행기를 탈 수밖에 없었다. 옆 동네에 도착하니 새벽 3시였고 몇 시간 후면 면접을 보기로 한 시간이었다. B는 공항 호텔에 짐을 풀고 한 시간 취침 후, 일어나서 씻고 화장하고 택시를 타고 면접장에 도착했다고 한다. B는 본인이 쓴 비용까지 이야기하며 "시간과 비용을 들여 힘들게 왔는데 불합격이 말이 되냐"며 하소연 했다고 한다.

여기서, B가 일정에 차질이 없도록 도착한 것까지는 아주 잘한 일이다. 하지만 문제는 그다음이었을 것이다. 원래 B의 계획은 면접 하루 전날 도착해서 10시간 비행의 여독을 풀고, 다음날 좋은 컨디션으로 면접에 참여하려 했을 것이다. 하지만 무슨 사정이었든 일정이 꼬이면서 10시간을 비행기에서 보내고 제대로 쉬지도 못 한 채 면접장에 왔다. 개인적으로 보면 B의 사정이 충분히 안타깝고 얼마나 힘들었을지 짐작할 수 있다. 하지만 이 친구가 '피곤함'을 핑계로 면접에서 실력 발휘를 못 했다는 것은 정당한 사유가 되지 않는다. 미안한 말이지만 바로 이것이 불합격 이유인 것이다.

면접관은 지원자가 어떤 과정을 거쳐서 면접장에 왔는지, 개인적으로 무슨 일이 있었는지 전혀 알 수도, 알 필요도 없다. 하지만 많은 지원자들이 자신의 개인적인 사정으로 면접에 집중하지 못 하고 떨어지면 억울해 한다. 하지만 상상해보라. 면접관이 개개인의 사정을 모두 봐주며 면접을 진행한다면 떨어뜨릴 수 있는 사람이 있겠는가? 면접관은 지원자의 개인 사정이나 배경이 아닌 면접장에서 보여 주는 행동을 보고 판단한다. 따라서 지원자는 철저한 '자기관리'가 필요하다. 면접장에 들어오기 직전에 무슨 일이 있었든, 현재의 몸 상태가 어떻든 최상의 모습만 보여 줘야 한다.

면접 강의를 하면서도 '자기관리' 능력이 부족한 학생들을 종종 만날 수 있었다. 한번은 N이라는 친구가 강의실로 들어와 인사를 하자마자 기운 없는 모습을 보이기에 왜 그런지 이유를 물었다. 회사에서 일을 많이 해 피곤하다는 대답을 하고 그날 수업 내내 집중하지 못했다. 평소 열정적이었던 N이었기에 '정말 피곤한가보다'라는 생각이 들었지만, 실망스러운 마음이 컸던 것도 사실이다.

많은 학생들이 저마다의 사연을 가지고 수업에 참여한다. "감기에 걸렸다", "속상한 일이 있다", "상사에게 호되게 혼났다", "손님이 욕을 했다", "머리가 아프다", "부모님이 편찮으시다" 등. 심지어는 "일주일 동안 너무 바빠 답변 준비를 하나도 못했다"도 있었다. 이런 경우 십중팔구는 수업 내내 무기력한 모습을 보이거나, 버벅대거나, 눈치를 보며 소중한 시간을 허비했다.

반면 기억에 남는 학생도 있는데, J라는 친구가 있었다. 수업 내내 코를 훌쩍거려 어디가 아픈지 물었더니 감기에 걸렸는데 괜찮다며, 수업을 방해해 미안하다는 말을 했다. 하지만 괜찮다는 J의 말과는 달리 상태가 심각해 보였다. 나는 수업을 마무리할 것을 권했지만 J는 끝까지 씩씩한 모습으로 수업을 들었다. 자신은 승무원이 꼭 되고 싶기에 이 수업이 너무 중요하다며. 아픈 몸이었지만 수업 준비도 성실히 해온 편이었다. 힘든 순간에도 핑계 대지 않고 최선을 다한 그 친구가 어느 때보다 빛나 보였다.

이게 바로 '자기관리'다. 누구나 저마다의 사정이 있다. 하지만 같은 상황일 때 어떻게 대처하느냐에 따라 본인의 진가가 드러난다. 면접관은 늘 완벽한 지원자의 모습을 기대하는 게 아니다. 면접 전날 갑자기 감기에 걸렸다고

'자기관리 실패'로 여기지도, 그런 이유로 불합격을 주지도 않는다. 하지만 이를 핑계로 무기력한 모습을 보이거나, 자신의 실수를 면접관이 이해해 주길 바라는 순간 마이너스 점수를 받을 수도 있다. 반면 몸 상태 또는 개인적인 상황이 안 좋음에도 최선을 다하는 모습을 보인다면 오히려 면접관은 그 점을 높이 평가할 것이다. 그런 사람이라면 어떤 상황에서도 이런 저런 핑계를 대며 본인의 일을 소홀히 하지 않을 거라는 확신이 있기 때문이다.

꿈을 이루기 위해서 열심히 준비하고 드디어 면접의 기회를 잡은 당신! 끝까지 최선을 다하는 모습으로 원하던 결과를 얻기를 바란다.

2

자존감이 나를 빛나게 만든다: 스스로 사랑해야 타인도 나를 사랑한다

승무원 준비생을 대상으로 강의한 지 8년이 넘었다. 그동안 내게 수업을 들 었던 제자만 족히 백 명이 넘는다. 이중 기억에서 사라진 친구도 있고(물론 그들 기억 속에도 내가 없을 것이다), 다양한 이유로 기억에 남아 있는 친구 도 있다.

그중 가장 기억에 남는 제자는 P다. 상냥하고 친절한 데다 웃는 모습이 너무 예뻐서 첫 만남부터 호감이 생겼다. 상대를 배려하는 모습과 끊임없이 노력 하는 모습을 보면 칭찬을 안 할 수가 없다(참고로 나는 이유 없는 칭찬은 하 지 않는 것으로 유명하다). P는 나뿐만 아니라 다른 사람들에게도 비슷한 이 유로 칭찬을 많이 들었다. 그런 P에게 치명적인 단점이 하나 있었다.

P는 타인의 장점을 찾아내 칭찬을 아끼지 않는 친구였다. 하지만 본인 스스 로는 한없이 부족한 사람이라고 여겼다. 자신의 장점보다 단점에 모든 신경

을 쏟는 것이었다. 처음에는 겸손까지 갖춘 친구라고 생각했지만, 시간이 지날수록 P가 진심으로 자신을 낮게 평가한다는 것을 알게 되었다.

처음 P를 만났을 때, 그 친구는 영어를 거의 못하는 수준이었다. 특히 놀랐던 것은 캐나다에서 10개월 동안 생활했음에도 기본적인 의사소통이 어려웠다는 것이다. 이런 문제를 P도 알고 있었고, 그래서 특히 영어에 위축된 모습을 보였다. 하지만 끊임없는 노력으로 캐나다에서도 해결하지 못했던 영어 실력을 크게 끌어올렸다. 그런데도 P는 자신의 성장을 기뻐하기보다는 부족한 점만 찾아내며 의기소침한 모습을 보였다.

처음에는 단 5분도 영어로 대화하지 못했는데, 몇 개월이 지나자 한 시간 이상을 영어로 대화해도 문제없을 정도로 실력이 향상됐다. 하지만 P는 대화에서 한 문장만 못 알아들어도 거기에 집중해 "오랫동안 공부했는데 실력이 형편없다. 이만큼 배웠으면 선생님처럼 유창하게 영어를 해야 하는데 왜 안되는지 모르겠다"며 자책하는 식이었다. 그런 모습은 불안감으로 이어졌고 급기야 쉬운 문장도 못 알아듣는 실수를 하면 다시 부정적인 말을 쏟아내며 좌절하는 모습을 반복했다.

나는 P에게 물었다. '넌 1년을 공부했고, 난 10년 가까이 영어 공부를 했어. 누구의 잘못도 아닌데 왜 스스로 자책하는 거야?' 아이러니하게도 P는 자신에게 거는 기대치와 욕심은 10이었지만, 자신을 평가하는 수치는 고작 2~3밖에 되지 않았다. 그러니 아무리 성장을 해도 본인은 만족하지 못하는 악순환이 반복되고, 좌절하고 부정적인 생각만 하는 것이었다. 이런 상황이 계속되자 평소에는 예쁘고 사랑스러운 P와 수업을 할 때면, 이 친구의 태도(눈치를 살피고, 틀릴까 봐 불안해하는)에 나 역시 불편해지는 상황이 됐다. P가 가진 고유의 매력마저 사라지는 것을 느낀 나는 P의 마음이 궁금해졌다. 자신을 형편없고 부족한 사람으로 여기는데 면접관의 눈에 들고 싶은 건 어떤 심리인지. 어쩌면 과욕이 아닐지.

승무원이 되어 비행 중인 대다수의 제자들은 자존감이 높다는 특징이 있다. 그들이 가진 것 많고 아는 것 많아서가 아니라, 기본적으로 스스로에 대한 애정과 사랑이 가득하다. 특히 L이라는 친구가 보인 행보는 P와 많은 차이가 있었고, 그로 인한 결과 또한 정반대였다.

L 역시 타국에서 영어 공부를 했지만 5분 이상 자유로운 대화를 지속할 수 없었다. 하지만 수개월의 노력 끝에 5분이 10분으로, 20분으로, 다시 한 시간으로 늘어날 정도로 영어 실력이 향상됐다. 여기까지는 P와 같은 상황이다. 하지만 L이 보인 행동은 P와 확연한 차이가 난다. 6개월 정도가 되었을 무렵, L은 본 수업 전에 영어로 조금 더 대화하고 싶다는 말을 했다. 그러면서 자신의 성장을 뿌듯해하고 자랑스러워했다. 물론 중간에 못 알아듣는 부분도 있었지만, 다시 질문을 하고 이해하면서 배워나갔다. L은 자신의 노력과 성과를 높게 평가했고 진심으로 기뻐했다. 이런 긍정적인 생각은 성장에 대한 기쁨과 동시에 자신감을 심어준다.

P와 L의 가장 큰 차이는 노력의 양도 시간도 아니었다. 스스로 내린 자신에 대한 평가였던 것이다. 이들이 보인 성장 속도나 학습 결과는 비슷했지만 시간이 지나면서 자존감이 높았던 L의 긍정적인 자기 평가는 더 높은 성취감을 줬다. 반면 자존감이 낮았던 P는 꾸준히 성장했음에도 남과 자신을 비

교하면서 부정적인 자기 평가를 했고, 이로 인해 고유의 매력마저 퇴색시킨 것이다.

자존감은 말 그대로 자신을 존중하고 사랑하는 마음이다. 자신이 가진 능력과 한계를 인정하고 그에 대해 스스로 평가하는 것이다. 자신을 가치 있는 존재라 믿고, 인생의 시련과 역경에 맞서 이겨낼 수 있다고 믿으며, 자신의 노력에 따라 무엇이든 이뤄낼 수 있다고 믿는 일종의 자기 확신이다.

자존감이 높은 사람은 쉽게 포기하지 않고 자신의 능력을 믿는다. 실패하면 좌절하는 게 아니라 실패를 발판 삼아 더 큰 도약을 하려고 노력한다. 자신을 지탱하는 심지가 굳건하기 때문에 타인의 비난이나 평가에도 쉽게 흔들리지 않는다. 반면 자존감이 낮은 사람은 타인의 시선을 의식하면서 잔뜩 위축된 채 살아간다. 그런 부정적인 태도로 인해 감정적으로도 쉽게 흔들리고 실수와 실패를 연발하게 되는 것이다.

면접은 나를 보여 주는 시간이다. 면접관에게 내가 가진 능력이나 배경을 수치화해서 발표하는 시간이 아닌 나라는 사람을 대화를 통해서 평가받는 자리다. 따라서 내가 보여 주는 자세와 태도는 중요한 지표가 된다. 본인 스스로 한없이 부족한 사람으로 여기고 위축된 모습을 보이면서 면접관에게는 좋은 평가를 기대하는 것은 과욕이다.

스스로 멋지다고 느끼는 사람이 다른 사람 눈에도 멋진 사람처럼 보이는 것은 당연한 일이다. 자존감은 영어 실력을 높이거나 자격증을 딴다고 향상되는 게 아니다. 결국 자신의 마음가짐에 달려 있다. 자신을 사랑하고 멋진 사람이라는 마음을 갖는 것이 우선이다. 그래야 면접에서도, 인생에서도 성공할 수 있을 것이다.

3

나만의 원칙을 세우고 지켜라:
합격자의 말에 휩쓸리지 말라

모든 사람은 각기 다른 성향과 능력, 이미지, 태도, 경험 등을 가지고 있다. 각자의 개성이 다르기에 타인에게 잘 어울리는 옷이 나에게도 잘 어울릴 거란 보장은 없다. 또한 내 입에 맞는 음식일지라도 누군가에겐 맛없는 음식이 될 수 있다.

면접을 준비하는 친구들을 보면 먼저 합격한 사람의 말을 무조건 믿고 따르는 경향이 있다. 물론, 합격생의 말이나 그들이 썼던 방법 등을 무조건 무시하라는 의미는 아니다. 그들이 합격한 데에는 분명한 이유가 있을 테니, 어느 정도는 받아들이는 게 필요하다. 나 또한 나의 합격 경험과 수업을 하며 얻은 노하우와 토대로 이 책을 쓰고 있으니 말이다. 강조하고 싶은 것은 준비생들은 합격생의 정보를 '선별'해서 받아들여야 한다는 것이다. 무조건 믿고 따르는 게 아닌, 본인의 상황과 매치시켜 잘 맞을지, 본인을 더 빛나게 할 요소인지 확인한 후에 받아들이라는 것이다.

C라는 제자와 중동의 모 항공사 면접을 준비했던 적이 있다. 그 친구는 영어 듣기 실력은 좋았으나, 말할 때 단어만 나열하거나 발음이 부정확한 경향이 있었다. 신기한 것은 단어만 나열하는데도 대화가 아주 잘 통했다는 것이다. 하지만 그냥 두고 볼 수는 없었기에 나는 문장으로 대화하는 방법을 알려주고, 부정확한 발음도 교정할 수 있는 피드백을 주었다. C 또한 나의 피드백을 긍정적으로 받아들였다. 항상 바른 자세와 태도를 유지하던 상냥한 친구라 나 역시 C의 가능성을 높게 평가했다.

그러던 중 내가 가르치던 제자 L이 C가 가려고 했던 항공사 면접에 먼저 참가해서 합격하는 영광을 누리게 되었다. 그리고 사이가 그 누구보다 좋았던 내 제자들은 서로에게 도움을 주고 싶어 했다. L은 스터디 모임에서 자신의 면접 경험담을 다른 학생들에게 들려 주었는데, 여기서 문제가 발생했다. 나는 합격생 간담회를 주최할 때, 나의 참석을 전제로 일정을 잡는다. 이유는 간단하다. 합격생의 이야기를 객관적으로 들어줄 사람이 필요하기 때문이다. 대부분 사람들은 자신의 경험을 이야기할 때 주관적으로 말하는 경향이 있다. 이럴 때 객관성을 유지할 수 있는 제삼자의 개입이 필요하다.

스터디 모임에서 L은 자신의 경험과 면접 방법을 다른 학생들에게 이야기해 주었고, C는 L의 말을 가슴에 새긴 채 면접에 참여했다. 그리고 Discussion에서 탈락의 고배를 마셨다. 비교적 어려운 과정인 CV Drop과 영어 시험을 잘 통과하고도 Discussion에서 큰 실수를 저지른 것이었다. 탈락한 C가 내게 했던 말이 아직도 기억에 남는다.

"선생님이 왜 저희끼리 하는 간담회를 말렸는지, 왜 합격한 사람의 말을 맹신하지 말라고 했는지 그 이유를 확실히 알게 됐어요."

나는 C가 한 실수를 듣고 너무 속이 상했다. 특히 면접관이 C에게 보인 반응이 무척 호의적이었기 때문에 아쉬움은 더 클 수밖에 없었다. C의 말에 의하면 서툰 영어였지만 CV Drop에서 면접관과 충분히 소통했고, 면접관의 긍정적인 반응 또한 느껴졌다고 한다. 운 좋게도 같은 면접관이 Discussion에서도 C의 조를 맡았고, 기회를 잡아야 한다는 생각에 L이 말한 방법을 썼던 것이다.

L은 스터디에서 "Discussion을 할 때 지시 사항이 나온 카드를 꼭 먼저 읽으라"고 말했다. 면접관의 관심을 받을 수 있다는 조언과 함께. 물론 L의 말이 틀린 건 아니었다. 조용한 성향이었던 L은 지시 사항 카드를 먼저 읽겠다고 나섰기 때문에 솔선수범하는 모습과 리더십, 존재감을 동시에 드러낼 수 있었다. 물론 면접관의 첫 관심도 L에게 쏠렸고, 최종합격이라는 결과를 얻을 수 있었다.

L과 비슷한 성향(조용한)이었던 C도 같은 방법을 썼다. Discussion 기회가 왔을 때 자신이 먼저 카드를 읽은 것이었다. 여기서 문제가 발생했다. 발음이 좋지 않고, 긴 문장으로 이루어진 내용을 자주 접하지 않았던 C는 서툰 발음으로 어디서 끊어야 할지 감도 못 잡고 무조건 읽기만 한 것이었다. 그러다 보니 조원 중 누구도 C의 말을 이해하지 못 했다. 곧바로 인도 국적의 지원자가 지시 사항을 다시 읽었고, 조원들은 그제야 내용을 이해할 수 있었다. C는 실수 후 면접관의 얼굴을 보고 탈락을 직감했다고 한다. 자신을 보고 환하게 웃던 면접관 얼굴이 잔뜩 굳어진 채 고개를 절레절레 흔들었다

고 한다.

L은 영어 실력이 상위급이었다. 항상 좋은 문법으로 문장을 만들어 오던 친구였고, 원서를 자주 읽다 보니 읽기 수준도 상당히 높았다. 그런 친구였기에 지시 사항 카드를 읽었을 때 그 친구가 돋보일 수밖에 없었던 것이다. 반면 C는 영어 실력이 부족했다. 때문에 수업할 때에도 답변을 너무 길게 만들지 말고, 긴 문장을 쓰지 말라는 피드백을 주곤 했었다. 짧고 의미 있는 문장이 대화에서는 더 큰 효과를 가져올 수도 있기 때문이다. C는 오히려 듣기 실력과 공감 능력이 뛰어났기 때문에 이런 점을 내세웠더라면 좋은 결과를 얻었을 것이다. 다른 이들의 이야기를 경청하고 적당히 호응하며 자신의 의견을 냈더라면 더 돋보였을 텐데, 이런 점을 간과하고 실수를 한 것이었다.

다른 사람의 경험과 노하우는 나를 발전시키는 데 중요한 요소가 된다. 하지만 맹신은 금물이다. 오히려 독이 되어 돌아올 수 있다는 점을 명심하자. 나 역시 그렇기에 제자들에게 무조건 적인 가르침보다는 개개인이 가지고 있는 배경과 색깔에 맞춰서 강의를 하고 피드백을 주려고 늘 끊임없이 노력하고 있다.

자기 발전을 위해서는 자신의 능력과 스타일을 잘 알고 있어야 한다. 그리고 나의 기준을 가지고 나에게 맞는 방법이 무엇인지를 찾아야 한다. 그리고 다른 사람의 조언과 경험을 자신의 것으로 만든다면 분명 영어 면접뿐만 아니라 자신의 삶을 크게 향상 시킬 수 있을 것이다.

4

면접에 임하는 자세와 태도가
합격을 결정한다

"내가 A보다 학벌도 좋고, 영어도 잘하고, 얼굴도 예쁘고, 몸매까지 좋은데! 어떻게 내가 떨어지고 A가 합격할 수 있죠?"

승무원 준비생들이 정보를 주고받는 온라인 카페에서 쉽게 볼 수 있는 글이다. 나는 이런 하소연을 볼 때마다 면접은 '영어와 스펙'이 아닌 '바른 자세와 태도'라는 것을 매번 깨닫는다. 또한 지금 이 책을 읽고 있는 사람 중, 자신의 영어 실력과 스펙이 남들보다 뛰어나서 안심하고 있다면 그 마음가짐부터 바꾸라고 말하고 싶다.

이런 태도를 보이는 사람은 가까이에서도 찾아볼 수 있다. 면접 준비를 열심히 하던 친구가 있었다. 피드백도 잘 받아들이고, 영어 공부를 비롯한 모든 준비를 열심히 했다. 심지어 자신의 노력을 높게 평가하는 자존감 있는 모습도 보였다. 그 친구의 자신감이 나빠 보이지 않았다. 면접을 본 후 나에게 와서 하소연하기 전까지는.

항공사 면접에서 떨어진 그는 내게 전화를 해서 너무 억울하다고 하소연했다. 자신이 다른 지원자보다 준비도 더 열심히 했고, 영어도 잘했고, 열정도 넘치고 모든 면에서 뛰어난데 왜 자신이 떨어졌는지 알 수가 없다며 억울하다고 말했다. 나는 그 친구에게 물었다.

"정말로 다른 사람들의 노력과 열정보다 네 노력과 열정이 더 크다고 생각해? 확실해?"
"네! 전 그렇게 생각해요."

그 친구의 확신에 찬 대답을 듣는 순간 상상할 수 있었다. 어떤 자세와 태도로 면접을 봤을지. 나는 그 친구에게 다시 말했다.

"그 누구도 '너보다 내가 낫다'고 함부로 말할 수는 없어. 너 스스로 자신과 비교해서 '어제의 나보다 오늘의 내가 낫네'라고 말할 수는 있겠지. 그건 네가 스스로 봐 온 네 모습이니까. 하지만 한 번도 본 적 없는 사람을 두고 그 사람의 노력과 열정이 나보다 덜하다고 판단하고 폄훼하는 건 자만이야. 네가 떨어진 이유도 자만심 때문일지 몰라."

이 친구가 면접에서 남을 배려하고 포용하는 모습을 보였더라면 면접 결과는 달라졌을지도 모른다. 면접은 사람이 하는 일이다. 우리도 일상을 살면서 많은 이들을 만난다. 그 중엔 의식적이든 무의식적이든 자신만의 잣대로 타인을 평가하는 사람이 있다. 남을 함부로 평가하고 말하는 사람에게 호감이 느껴지는가?

그렇다면 영어 인터뷰에서 좋은 점수를 얻을 수 있는 방법은 무엇일까? 면접에서 가장 중요한 건 나의 생각을 어떤 표현으로 상대에게 전달하느냐다. 즉 표정과 몸짓, 말투, 목소리, 사용하는 단어 등을 통해 면접관은 지원자를 파악하고 이해한다. 또한 지원자의 태도와 자세에서 말의 진실성 여부를 확인하기도 한다.

자신의 장점을 '상냥함과 미소'라고 말하던 제자가 있었다. 하지만 모의 면접을 진행하는 내내 그 친구의 미소를 한 번도 볼 수 없었고, 상냥함도 느껴지지 않았다. 오히려 잔뜩 경직된 채 무뚝뚝한 목소리로 답변을 읽고 있었다. 나는 그 친구에게 물었다.

"왜 너의 장점이 상냥함과 미소라고 생각하니?"
"제가 평소에는 정말 잘 웃어요. 그리고 다들 저보고 상냥하다고 하는데 면접이라 너무 긴장돼서 그래요⋯."

이 친구의 긴장은 수업이 끝날 때까지 계속됐다. 여기서 생각해 볼 게 있다. 면접 준비 과정에서 느끼는 긴장감이 실제 면접장에서 느낄 긴장감보다 더할까? 절대 그렇지 않을 것이다. 연습 때 모든 걸 보여 주지 못한다면 실전에서도 마찬가지일 것이다. 이런 나의 조언에 "평소엔 안 그런다"는 말로 억울함을 호소하던 제자에게 다시 말했다.

"면접관은 너라는 사람을 알지도, 본 적도 없어. 짧은 시간에 수백 명의 지원자를 봐야 해서 시간도 부족해. 그런 사람에게 '평소에는 안 그래요'라는 말이 가당키나 할까? 그리고 다른 지원자들도 긴장 상태에서 면접을 봐. 그중에 상냥한 사람에게 호감이 가는 건 당연한 거야. '긴장'을 핑계 삼지 마. 평소 실력대로 결과가 나오는 거니 너무 억울해 할 것도 없어."

면접은 단시간에 나의 호감 지수를 끌어올려야 하는 일종의 미션이다. 호감 지수는 나의 자랑을 늘어놓거나 스스로 '나는 멋진 사람이야'라고 주문을 건다고 올라가지 않는다. 소개팅 자리라고 가정했을 때, 좋은 장소나 이벤트보다 상대가 보여 주는 배려와 매너, 태도, 말투, 표정 등에서 호감, 비호감이 결정되는 것과 비슷한 맥락이다.

5

합격은 결국
내가 어떻게 하느냐에 달려있다

"어렵고 힘든 것을 선택할수록 인생은 풍요로워진다. 내 삶의 수많은 선택의 순간마다 나는 이렇게 물었다. '지금 이 순간 더 어려운 선택은 무엇이고, 더 쉬운 선택은 무엇인가?' 나는 망설임 없이 더 어려운 것을 선택했다. 어려운 선택을 하는 순간 낡은 생각과 패턴에 젖어 있던 뇌가 깨어나면서 새로운 해결책을 찾는 일에 뛰어들기 때문이다. 이것이 내가 살아야 할 확실한 이유였다."

세계 역도 선수권자인 예지 그레고리라는 선수가 한 말이다. 우연히 이 글을 읽고 나는 오랜 시간 생각에 잠겼다. 나 자신을 돌아보고, 다른 이들을 한번 둘러봤다. 사람들은 다양한 꿈을 꾸고 더 나은 목표를 설정하는 과정에서 끊임없는 선택을 한다. 누구는 조금이라도 쉬운 길을 선택하고 누구는 정도의 길을 걷겠다고 다짐한다.

나는 강의를 하면서 종종 쉬운 선택만 하려는 사람들을 마주한다. 답변에 자신의 이야기를 담는 게 아니라 합격한 누군가의 이야기를 자신의 것으로 만든다. 서비스 업종 경력이 필수라고 하면, 직접 직업을 구해 일하는 것이 아니라, 지인에게 자신이 일하고 있다고 말해 달라는 부탁을 한다. 심지어는 특정 사이트에서 이력서를 비롯한 답변까지 돈 주고 사는 경우도 있다. 물론 시간을 아끼는 것은 중요하다. 비용을 들여 누군가의 도움을 받는 것도 현명한 방법이다. 그렇다고 모든 걸 돈 주고 살 수 있다는 생각은 버려야 한다. 노력 없이 무언가를 성취하겠다는 마음은 과욕이다.

S라는 제자가 있었다. 영어 실력이 아주 낮은 편이었는데 나와 수업을 한 뒤 외국 메이저 항공사에 합격했다. 그러자 S 친구인 P도 나를 찾아왔다. 본인도 S처럼 멋진 승무원이 될 거라는 기대감을 안고 온 것이었다. 하지만 두 친구가 보여 준 자세는 무척 달랐다. 둘의 영어 실력은 거의 비슷했다(기본적인 의사소통이 힘들었다). 그런 사실을 스스로 인식했던 S는 열심히 공부하고 노력했다. 과제를 단 한 번도 빠트린 적이 없을 정도로 성실했다. 나의 피드백은 열심히 메모했고, 실력 향상을 위해 예습 복습을 게을리하지 않았다. 수업 시간에 늘 진지했고, 평소에도 최선을 다하는 S를 보며 내가 혀를 내두를 정도였다. S가 합격했을 때, 나는 "너의 합격은 100% 네가 만든 거야. 끊임없이 노력하느라 고생했어."라고 이야기했다.

반면 P는 나에게 수업을 들으면 S처럼 합격할 거라는 환상으로 수업 신청을 한 것이었다. 그러나 단 한 번도 제대로 과제를 해 오지 않았다. 이유는 '시간이 없어서'였다. 그리고 수업 시간에는 자연스럽게 사담이 이어졌다. 수업 준비를 못했으니 대답할 내용이 없었고, 그러다 보니 자꾸 자신의 고민이나 사생활 이야기로 대화를 끌고 가는 것이었다. P와 대화를 하다 보면 왜 P가 시간이 없었는지 짐작할 수 있었다. 주말에는 남자친구와 데이트하느라 바빴고, 일을 마친 후에는 피곤하거나 남자친구와 통화를 해야 해서, 그것도 아니라면 주말에 못 만나는 친구들을 만나야 해서 하루하루가 바빴던 것이다.

그때 나는 '승무원은 내 꿈이 아닌 P의 꿈인데, 왜 내가 P보다 더 안절부절 못하며 이 친구를 승무원으로 만들려고 노력하는 걸까? 왜 피드백을 주며 P가 변하길 바라는 걸까?'라는 생각을 했다. S는 최선을 다해서 당당하게 꿈을 이뤘다. 하지만 P의 모습을 보고 있자니 아무 노력 없이 자신의 실력이 향상되기를 바라는 모습이 안타까울 뿐이었다. 물론 P는 승무원이 되지 못했다.

어떤 이는 2~3개월 안에 '항공사 합격'이라는 결과를 얻기 위해, 어떤 이는 자신이 면접에서 사용할 멋진 답변을 만들어 줄 거라는 기대를 품고 나를 찾아온다. 가져온 답변을 더 좋은 표현으로 고쳐 주고 Dictation(받아쓰기)해서 자신의 것으로 만들라고 조언하면 "비싼 돈 내고 수업 듣는데 이런 건 선생님이 작성해주는 게 아닌지" 반문한다. 직접 듣고 받아 적는 노력이 귀찮은 것이다. 또는 조금이라도 빨리 정답을 알고 싶은 마음일 수도 있다. 하지만 내가 Dictation을 시키는 데는 이유가 있다. 이 과정을 통해 영어 듣기 능력과 대화의 뉘앙스를 파악하는 실력도 향상되고, 결국 자주 접하다 보면 진정한 '자기만의 표현'으로 만들 수 있기 때문이다.

하지만 다수의 학생들이 쉬운 길만 찾으려 한다. 이런 친구들을 보면 많은 생각이 든다. 이 세상 모든 사람들이 노력 없이 손쉽게 성공하고, 원하는 것을 이룬다면 모두 다 자신이 하고 싶은 일을 하며 살 것이다. '선생'은 가이드 역할을 하는 사람이다. 합격으로 가는 길을 알려줄 뿐, 문은 열어주지 않는다. 합격의 문은 직접 열어야 한다. 모든 건 본인에게 달려있다.

"저는 진짜 노력했어요. 그래도 안 되는 걸 어떡해요."

이런 말에 내가 할 수 있는 조언은 두 가지다. 하나, 정말 노력에 노력을 했음에도 아무런 발전도 변화도 없다면, 그래서 매번 낙방이라는 결과를 받는다면 포기하라. 자신의 길이 아니다. 다만, 최선을 다한 사람은 포기할 때도 미련이 없다. 우물쭈물하지 않고 새로운 길을 향해 전진한다. 둘, 본인에게 물어보아라. '정말 최선을 다했는지. 내가 할 수 있는 것 이상의 노력을 했는지.'

지난 20여 년, 나는 노력과 실패, 노력과 성공을 거듭하며 살아왔다. 쉽게 얻은 건 하나도 없다. 이를 통해 깨달은 건 '내가 할 수 있는 만큼 하는 건 노력이 아니다'다. 말 그대로 할 수 있는 만큼 한 것이다. 그러니 변화가 없는 건 당연한 일이다. 적당히 했기에 적당히 사는 거다. '변화'는 내가 할 수 있는 만큼에서 조금 더 했을 때 찾아온다. 예를 들어, 하루 2시간씩 공부해서 지금의 실력을 만들었다면, 매번 2시간씩 공부하는 건 현재 실력을 유지 시킬 뿐이다. 그보다 더 잘하고 싶다면 공부 시간을 10분 더 늘렸을 때 변화가 찾아온다. 물론 2시간 동안 책상에 멍하니 앉아있다가 2시간을 늘려 4시간 공부한다고 변화가 생기진 않는다. 시간을 '어떻게 보내느냐'가 나의 가치를 결정한다. 그렇게 만들어진 가치가 미래를 바꾸는 것이다.

어렵고 힘든 선택을 하는 사람들에겐 공통점이 있다. 절대 쉽게 물러서지 않는다는 것이다. 그들은 자신이 한 선택이 어떤 결과를 가져올지 미리 걱정하는 게 아니라, 결과를 만드는 과정에 집중한다. 그 선택으로 인해 어려움을 당할지언정 절대 포기하지 않고 이겨내기 위해 시간과 노력을 집중한다. 그렇게 조금씩 더 나은 사람, 더 강한 사람이 되는 것이다.

반면 쉬운 선택을 하는 사람들은 쉽게 포기하고 쉽게 안주한다. 그러면서 후회라는 녀석과 함께 살아간다. 원하는 건 많지만, 힘든 건 싫고, 이루고는 싶고. 이런 사람들이 쉽게 도전했다가 쉽게 포기한다. 그리고 말한다. "최선을 다했지만 어쩔 수 없었다"고. 정말 최선을 다한 사람은 최선을 다했기에 후회가 없다. 그리고 그 과정에서 얻은 경험과 교훈을 토대로 더 멋진 인생을 설계하고 만들어 나간다.

당신은 '승무원'이라는 꿈이 있기에 지금 이 책을 읽고 있을 것이다. 그런 당신에게 마지막으로 조언하고 싶다.

> "누구나 꿈꾸지만 누구나 그 꿈을 이루지는 못한다. 자신을 믿고 할 수 있는 것 이상을 노력하자. 그러다 보면 '합격'이라는 문 앞에 선 당신을 만나게 될 것이다. 이제 문을 열 일만 남았다."

나는 '모든 사람이 승무원이 될 수 있다'고 늘 강조한다. 하지만 누구나 될 수는 없다. 승무원이 되기 위한 첫 관문은 영어 면접이다. 영어 면접을 통과하지 못한다면 고된 여정이 될 수도 있다. 승무원뿐 아니라 대부분의 직업에서도 "면접"은 반드시 거쳐야 할 중요한 관문이다. 하지만 많은 친구들이 "면접"을 어떻게 준비해야 할지 갈피를 잡지 못하고 힘들어하는 것을 보았다. 그런 친구들을 보며 책을 써야겠다고 마음먹었다. 이 책의 내용을 잘 파악해서 보다 빠르고 쉽게 꿈에 다가가길 바라는 마음이다.

현명한 사람은 자신이 가고자 하는 길을 앞서 걸었던 사람의 조언을 기꺼이 받아들인다. 그리고 이를 활용해 자신의 목표에 더 빨리 도달하고자 노력한다. 당신도 그러길 바란다. 내가 제시한 스마트 컷을 통해 당신의 꿈을 이룰 수 있다면 그 또한 나에게 행복이자 영광이 될 것이기에.

책을 쓰는 내내 강조했듯, 가장 중요한 건 본인의 생각과 의지다. 열린 마음을 갖고, 할 수 있다는 믿음으로 노력한다면 분명 좋은 결과가 있을 것이다.

아부다비에서 당신의 꿈을 응원하는 루나쌤(박혜경)

Memo